悲願へ

松下幸之助と現代

執行草舟

ＰＨＰ研究所

松下幸之助 80歳（1975年）

自宅（兵庫県西宮市）の茶室にて、お茶を嗜む松下幸之助 八十歳（一九七五年）

真々庵（京都市）の根源の社の前にて

松下幸之助　七十一歳（一九六六年）

松下幸之助 69歳（1963年12月）

まえがき

一昨年（平成二十九年）の二月、私は㈱ＰＨＰ研究所より『「憧れ」の思想』と題した本を出版していただいた。続けて、『お、ポポイ！』という本も出版されることによって、不思議なご縁がＰＨＰとの間に生まれたのである。それ以後、私の思想を諒《りょう》とされる方々が研究所内で増えてきたのだ。望外のありがたさが胸に込み上げて来ることであった。その背景には、多くの人々に尊敬されているあの鍵山秀三郎先生が、私の『「憧れ」の思想』をことのほか、気に入ってくださったことが大きく影響している。

それによって、鍵山先生を尊敬する多くの方々と私は知り合うことが出来たのだ。特に、その掃除道と鍵山教師塾の活動を熱心にされている大谷育弘先生との出会いに強い運命を感じていた。先生は兵庫県において高校の教師をされるとともに、鍵山思想を実践・研究されてきたのである。その活動のバイタリティーは常人の遠く及ばぬ域に達している。ただただ讃嘆の念のほか、私には何も言えないのだ。大谷先生は自己存在を主張することなく、日本の社会を陰で支えている人物の一人と言えよう。

その大谷先生の肝煎《きもい》りで、今、私の講演会を二カ月に一度くらいのペースで、ＰＨＰ研究所内において行なっている。松下幸之助と鍵山秀三郎先生を尊敬する人々の集《つど》いとなっているのだ。そこで私の思想を、毎回テーマを決めて講演し、その後に膝を詰め合って討論会を行なっている。私は自己の信条として、六十八歳の今日に至るまで、講演というものをしたことがない。しかし、大谷先生の熱情に打たれてこれを行なうことになったのだ。

やってみたら、これがなかなか面白い。社会のあり方と国を憂える人たちの集まりは、本当に楽しいのだ。本書は、その楽しさの中から生まれた一つの成果だと言っていい。初回は、ＰＨＰ研究所とのご縁や多くの方々の希望で、松下幸之助の「ＰＨＰ理念」について語ることになった。松下思想が、志をともにする我々にとって、共通の関心事であったからだ。それからは、私の思想をテーマ別にそのつど講演していくことになった。その第一回の講演が本書第一部の〈「ＰＨＰ理念」と現代〉と題されたものである。

そして、ＰＨＰ研究所とのご縁は、松下政経塾に広がり、政経塾で私の『「憧れ」の思想』の講義を行なわせていただく機会にも恵まれたのだ。しばらくして政経塾が私の著作に対して多大の興味を持っていることを知った大谷先生は、私に松下思想の講演を政経塾でも行なった方がいいのではないかと考えられたのである。そして計画されたのが、政経塾で行なった松下幸之助の「新しい人間観の提唱」の講演であった。ここでも、塾生の方々の他に大谷先生のご尽力により多くの方々が集まり、楽しい講演会となった。それが本書第二部を構成する〈「新しい人間観の提唱」と現代〉と題された内容である。

この二つの講演は、松下の関係者だけでなく、国と社会を憂える多くの人たちの共感を得たのだ。ＰＨＰ研究所の安藤卓常務執行役員は、この講演を自ら見聞しその価値を認識してくださるとともに、これらの講演を一冊の書物と成し、世に問わなければならないと思われたのである。松下幸之助の思想は、戦後日本を築き上げた思想の一つなのだ。それは松下関連の事業だけの思想ではない。それを広く展開することが、真に日本と世界のためになるのだという信念に基づく決断と私には見えた。

そして出来上がったのが本書なのだ。本書を読まれる方は、何卒《なにとぞ》この経緯を知ってほしい。この書物は、私だけのものではなく、松下幸之助を愛し、日本の将来を憂える多くの方々の心によって生み出されたのである。それが本書の持つ真の力だと私は思っている。この本を通じて、日本を築き上げ日本の将来を憂えて死んでいった、松下幸之助という人物の魂に触れてほしい。松下幸之助の憂国は、また世界のあり方を考える人類的思考に支えられた「思想」でもあるからだ。それが、現代の日本と世界を考える軸を読者に与えてくれると私は信じている。

最後に、本書の題ともなった「悲願」ということについて一言述べさせていただきたい。悲願とは、自分の生命の奥深くから生まれる祈りである。人間の悲しみが生み出す、愛の呻吟《しんぎん》なのだ。それは、国や他者に捧げられた人間の魂が織り成す窮極の姿とも言えよう。言葉にはならぬ涙と言ってもいい。それを松下幸之助はふんだんに持っていた。その思いが馳せる先にあるものを摑まなければならないのだ。松下幸之助を学ぶとは、その言葉ではない。その憧れであり、祈りを感ずることに他ならない。そして、その祈りを自己の祈りと化さなければならないのだ。悲願へ向かって我々も進み行かなければならない。

平成三十一年一月

執行草舟

悲願へ――松下幸之助と現代　目次

講演後の質疑応答

第二部　「新しい人間観の提唱」と現代

講演後の質疑応答

※巻末資料として、「ＰＨＰ理念とは」「新しい人間観の提唱」「新しい人間道の提唱」を掲載しています。

装幀　印牧真和

第一部

「ＰＨＰ理念」と現代

二〇一八年七月二十九日、株式会社ＰＨＰ研究所にて

序文

私は、日本の戦後ということを長く考え続けて来た。戦後の意味を考えずして、現代に思いを巡らすことは出来ないからだ。そして、その戦後を象徴する「思想」とは何かについて思考を繰り返して来た。その結果たどり着いた結論の一つに、あの松下幸之助が唱えた「ＰＨＰ理念」がある。それは、良きにつけ悪しきにつけ現代を生み出した戦後日本を考える上では、必ず通らなければならない試金石のような思想ではないだろうか。その思想は、現代の日本を創り上げた思想の一つとして、未来の日本に繫ぐためにも、その本源を再び追究しなければならないものなのである。

昭和二十一年、松下幸之助は「ＰＨＰ理念」（Peace and Happiness through Prosperity ― PHP）を唱えた。それは、戦後の焼け野原を前にした大実業家の決意と希望の表明であった。日本は弱く貧しかった。この民族を駆り立てていた一つの意志が砕け散って、深く冥《くら》い深淵に日本は突入していたのだ。将来への希望は全くなかった。それどころではない、その日に食べる食糧もなかった。我々の国は、すでに独立国ですらなく、主権は連合国に奪われたままであった。

そのような時期に、松下幸之助はＰＨＰ理念を唱えたのだ。私は、それが日本の最も深い知性の一つだったと考えている。その時代に繁栄に向かう決意を理念として掲げた。そして、我々の国が平和と幸福を享受する国になるのだということを唱えたのである。この時代に、「繁栄を通しての平和と幸福」を唱えることは、実業家にとって自己の生存の基盤を失う危険を伴う思想であった。それは「お伽噺《とぎばなし》」であり「夢物語」であったからだ。

このような理由で、私は松下幸之助を一人の革命家として見るようになった。それだけではなく、日本の未来を見据えた一人の予言者とすら思うようになったのだ。経済の高度成長を遂げた現在の日本は、この松下幸之助を単なる「成功者」としか見ていないように思う。その見方が、私は現代の日本の混迷の重大な原因の一つになっているのではないかと思っている。高度経済成長は、自然に起きたのではないのだ。そこには、多くの松下幸之助がいた。松下幸之助とは、目に見えぬものを信じた日本人たちの代名詞なのである。

だから、私はＰＨＰ理念の中に戦後の日本人が夢見た「何ものか」があると信じているのだ。それは、すべてを失った日本人が夢見たものであった。それは夢だから、尊く美しいものであった。詩人と革命家だけが信ずることの出来るような真の希望であった。ＰＨＰ理念とは、この大地に裸で立たされた日本人が祈った「悲願」なのである。それは現実ではなかったから、悲願と成り得たものであった。多くの日本人が、この悲願の下に哭《な》いたのである。

今の我々は、経済の成長によって豊かになった。この豊かさは、貧しかった人々が築き上げたものだ。我々のものではない。我々が、もう一度自分のものを創りたいならば、貧しかった人々の心に問いかけてみるしかその道はない。いまのこの豊かな時代において、松下幸之助によって唱えられたままのＰＨＰ理念を語っても、それは何の意味もなさない。その「繁栄・平和・幸福」という言葉は、我々をただひたすらに、傲慢と怠惰へ導くものにしかならないだろう。

我々はいま、戦後の貧しかった日本人の心に問いかけ直さなければならない。その代表的な一人が松下幸之助なのである。私が松下幸之助と語るときは、戦後の貧しさの中で「夢物語」を信じて生きた父祖たちの心と語り合っているのだ。だから私は、松下幸之助のその心とだけ語り合いたい。私は、松下幸之助の創った言葉と語り合うつもりはない。その言葉を創った、その人物の悲しみと喜びに触れたいのだ。それが戦後人の心をいまに活かすことだと、私は思っている。

戦後の日本とは、何であったのか。それを松下幸之助は我々に示してくれるに違いない。ＰＨＰ理念を唱えたときの、松下幸之助の心の奥深くに突入したいと私は思っている。その夢であった「繁栄・平和・幸福」の真意は何であったのか。私はそれを解き明かしたいと考えている。その真意さえ分かれば、我々はいまの日本において、松下幸之助の悲願を再び実行できるのである。それは、そのままいまの日本を築き上げた、貧しかった父祖たちの真の願いを実行することに繋がっているのだ。

戦後の夢は、「繁栄・平和・幸福」であった。その非現実を、我々の父祖たちは信じた。そしていま、その真の現代的意義を我々は知らなければならない。それが、父祖たちの涙に応える唯一の道である。私は与えられた、このＰＨＰ研究所における講演と質疑応答の場において、このような問題を明らめたいと思っている。

平成三十年九月

執行草舟

講演

PHPと私

　これから、戦後日本の抱える問題の一つについて語りたいと思います。それには、何か中心軸がなければならないので、今回は戦後の繁栄の代表者の一人である松下幸之助の考え方とそれによって確立した「PHP理念」というものを通して、日本を考えたいと思うのです。戦後最大の成功者である松下幸之助は昭和二十一年の焼け野原の日本を見つつ、この「繁栄を通しての平和と幸福」(Peace and Happiness through Prosperity)〈巻末資料二九六頁〉というものを提唱しました。その真実と今日的な意味を考えていきたいのです。

　私は『「憧れ」の思想』と『お、ポポイ!』という自分の著作を二冊、PHP研究所から出してもらったことによって、PHPとご縁が出来ました。そのご縁を大切にするために、改めて松下幸之助という人物について、またそのPHP理念について、様々な本を読んで研究するきっかけともなったのです。もちろん私個人でも、昔から松下思想は戦後日本の重大な思想の一つとしてある程度は研究していたのですが、この機会に、それをより思想的に固めたというところでしょうか。昭和初期から含めて戦後日本の代表的人物の一人として松下幸之助を省察し、それを日本の将来の問題として研究することは、「今後の日本のあり方」を考察することに繋がる事柄だと思っています。

松下幸之助は、ご存じの通りＰＨＰ理念を掲げて、それを一つの社会運動にしました。ちょうど、昭和二十一年にその運動を興したのです。今回を機に「繁栄を通しての平和と幸福」を考えるということの真の意味を、自分なりに摑むことが出来たのではないかと思っているのです。私は本を読んでいくうちに、松下幸之助の中に非常に「魂の共振」を感ずることが多かったからです。それを今日、皆さんに話そうと思っているのです。

では簡単に私の考える「繁栄・平和・幸福」についての意見を言いますので、それについて、皆さんも疑問や意見を考えながら是非聞いてください。皆さんの考えを後の質疑応答で充分に話し合うつもりですので、細大もらさずお願いします。皆さんも私の話を聞いて、疑問または反対意見を必ず出すようにお願いします。反対意見がないと、物事は、哲学で言う弁証法的な無限回転に入っていきませんから、私としては面白くない。私はよく雑誌などで討論する場合も反対意見を出してほしいと言ってきました。ところがあの月刊誌の『正論』などにも四、五年連載していて、全く出てこなかったのですから、これはもの足りませんでした。

最近の日本人の一番悪い点は、家庭でもどこでもそうなのですが、争わない、議論をしない。これがとにかく一番悪い癖だと私は思っています。だから何とか反対意見を言うようなっもりで聞いてもらえればと思います。私の考えは、聞いてもらえれば分かるかもしれませんが、自分の生き方の中から自ら体当たりをして、自己の意見として纏《まと》めただけなのです。

ＰＨＰと大衆性

ＰＨＰ理念を考えるための、私の考え方の総論とも言えるものから入りたいと思います。まず、ＰＨＰ理念を提唱した松下幸之助の「人となり」から話したいと思います。松下幸之助という人物は、先ほど少し言いましたが、戦後日本の経済成長における中心人物です。そのような歴史の流れの中で見ないと人物像が浮かび上がってきません。松下幸之助の言葉を、表面的に見過ぎると間違ってしまうと思います。私はこの機会に、松下幸之助の本を改めて色々読ませてもらいましたが、戦後の実業家の中で、これほど日本というものを真に憂えている実業家はいないと思いました。私は他にも何人かいただろうと思っていたのですが、松下幸之助ほど深い人は他にはいません。もし比肩し得る人がいるとすれば、傾向の違いはありますが、あの出光佐三《いでみつさぞう》だけではないでしょうか。幸之助は、自分の生き方の中から出てきた根源的な哲学を持っているので、その憂国の思想、また未来の日本に対する夢というか、希望にはもの凄く深いものがあります。

特に松下幸之助の一番いいところは、ＰＨＰ運動の中でも、「大衆性」を凄く重んじていたところではないでしょうか。その大衆性を重んじている中に、大きな理想を持ち込んでいるのですね。ここに松下思想の最大の特徴があります。元来、大衆性というのは、理想を持たないところに存在するものなのですが、その中に理想を持ち込んだ。これが戦後日本で最大の役割を松下思想とＰＨＰ運動がもたらしたのではないかと私は思っているのです。松下幸之助の理想はとてつもなく深いです。幸之助は大阪で栄えた、日本の伝統的な商人の中から出て来た人なので、持っていた理想は、学問的には石田梅岩《いしだばいがん》の創始した石門《せきもん》心学から出ていると思うのです。そしてその石門心学を底辺で支えている、日本の庶民が憧れとして持っていた武士道的精神の中から生まれて来たのではないかと思い当たったのです。

大衆性だけだったら駄目なのですが、大衆性と人間精神の理想が結びつくことによって、松下幸之助のＰＨＰ理念は発展したのではないでしょうか。そして、その一部としての成功がパナソニック（旧松下電器産業）の、ああいう大企業に成ったのだと私は思うのです。松下幸之助の研究をすると、本当にパナソニックの事業そのものですら、幸之助の全体の中の十分の一くらいという実感を持ってしまいます。松下思想全体の規模はそのくらい大きく、たまたま物理的に成功したのが家電部門のパナソニックではないかと思います。だから、本当はパナソニックも、その松下幸之助が培《つちか》った思想を研究しないと、将来の発展はないということです。特に、出版社としてのＰＨＰ研究所は、松下幸之助そのものの潜在意識の研究を深めないと、絶対に今後はないという確信を持っています。

そういう意味では、かなりの危機だと思っている。今、まさにＰＨＰ理念とＰＨＰ研究所は岐路に立たされていると思います。私は部外者ですが、色々ＰＨＰに出版や雑誌でもお世話になったので恩返しのつもりで、少しでも提言できればと思っているのです。この指針そのものは、松下幸之助自身が憂国の人物だったので、その思想を述べＰＨＰ理念の将来に対する抱負を述べることによって、そのまま日本人のこれからの生き方に繋がっていくと確信しています。まさにＰＨＰ理念にとどまらず、それを通して日本全体のことを考えることが出来れば今後に対する一つの展望になると思うのです。

新しい人間観とは

まず、ＰＨＰの趣旨が何であるかということの前に、そもそもＰＨＰ運動は松下幸之助が創ったものなので、その人物について大枠で触れておきたいのです。

松下幸之助の一番目の本質的な特徴は、その「新しい人間観の提唱」（巻末資料二九八頁）の中にすべてであると思っています。皆さんご存じだとは思うのですが、「新しい人間観の提唱」は『人間を考える』（ＰＨＰ研究所）という本に出ています。本当に短い数頁のものです。是非これを熟読してもらいたい。この中に松下幸之助の思想と戦後日本人の理想に関するすべてが入っていると私は確信しているのです。つまり、当時の新しい日本の理想のすべてがこの「新しい人間観の提唱」の中に入っていると思っています。

私が持っている本は、つい今しがた言いました『人間を考える』という本なのですが、この中には「新しい人間観の提唱」と、それから「新しい人間道の提唱」（巻末資料三〇〇頁）というものもあります。どちらも松下思想の中心なのです。後者は応用編だと思ってください。だから、「新しい人間観の提唱」の方は基礎編であり松下幸之助のすべての理念の根源と言えるのです。「新しい人間道の提唱」というのが、その理念を大衆化というか、実務・実践に落としていくときの考え方なのです。そのように認識していただくと分かりやすいと思います。だから、これを読み込めば、松下幸之助が何であるかが分かる。松下幸之助が分かるということは、新しい戦後の日本を創るための、戦前の秀《す》れた商道から来る優れた日本人の考え方の根源とその理想が分かることだと私は思います。

次に、松下幸之助の二番目の特徴です。これは、「高貴性」と「野蛮性」の両輪が完全に平衡をとって存在している人物だということです。この高貴性と野蛮性は、私が武士道の根源だと思っているものです。もちろん松下幸之助は昔ながらの、古い人ですから、子どもの頃、または大阪商人として鍛えられている頃に、すでに日本の地盤に浸透していた武士道的な考え方や石門心学の思想から、伝統的な武士道の根源を会得していたのだと思います。それが高貴性と野蛮性ということで、どちらかに偏《かたよ》ってしまうと意味をなさない、真の人間の知恵と言ってもいいものなのです。必ず「物事」というのは、二つ一緒に混ざりあっていなければ回転しないのです。

今の日本は、酷《ひど》いものと良いものとが、完全に分かれてしまうような、そういう時代になってきている。それが現代的な軽薄さを生む温床を作っていると私は思っています。だからこそ、昔の秀れた日本人の特徴である、高貴性と野蛮性の両輪というものが真の人間性にとっては重要だと思うのです。松下幸之助はその両輪を最も深く蔵している人だと思ってください。だからこそ結果として成功したのだと思います。成功を語るのはくだらない成功哲学のような誤解を呼ぶので嫌なのですが、松下幸之助の場合は成功が大きいのでそこに触れるしか仕方がない。もともと、松下幸之助にすれば、成功は人生から滴《したた》った一滴の雫《しずく》と言えるほどのものだと思っています。その元には成功とは大きく違うものがあるのです。高貴性と野蛮性のこの二つが循環することによって、初めて理想と実践が並行して出て来るのです。だから、二つ揃っていないと理想と実践がかみ合っていかないのです。

高貴性に近いものは皆さんも求めていると思うのですが、今の時代、一番嫌われ失われているものの一つに野蛮性があるのです。これが現代の弱みです。だから野蛮性を、あえて心掛けなければ駄目だと思います。野蛮性は、本当に今の日本から失われている。これが無いことによって、昔に比べると日本人の意識は非常に穏やかにきれいに、美しい部分はものすごく美しくなっているように見えます。私の考えでは、自分自身の人生において何一つ現実的には実行できないのではないかという感じがしているのです。

家庭問題でも、学校問題でも、ビジネスでも全部そうだと思います。高貴性と野蛮性というのは、その複雑な交錯を自分の人生において活かすには多大な修練が要る。だから自分でやってみて、ぶつかって失敗して泣いて、そこから何度も立ち上がらないと、身につきません。それが松下幸之助の人生を読むと、子ども時代から丁稚《でっち》や下積みを通して嫌というほど直面させられているのです。まさに人生が自然に修行になっている。あらゆる場所で体に叩き込まれるわけです。今流に言うと「いじめ」みたいな社会でしたから、昔はいじめなどと言っても桁違いに凄かった。しかし、こういういじめなども、要するに野蛮性の会得には必要だということなのです。今のいじめというのは超絶的に陰険なところもあるので、色々問題もありますが、昔の喧嘩は実に面白かったのです。また先輩が後輩に意地悪をしながら物事を教えていくとか、こういうのが自然の形で出る生活には高貴性と野蛮性がうまく入っています。今はもうその辺が完全にちぐはぐになってしまって、人間存在の根源が駄目になっている。

宇宙＝生命＝文明

それと三番目としてもう一つ、松下幸之助の特徴を挙げます。その特徴は三つの言葉に集約されると思うのですが、それが「宇宙＝生命＝文明」という三つの言葉の相関関係を同時並行でいつでも考えているということです。松下幸之助のどのような本を読んでも、その中身はすべて、宇宙論と生命論と文明論が必ず組み合わされている。松下幸之助以外にも戦前の大実業家の思想には、そのようにスケールの大きなものが多いです。中でも松下幸之助が一番分かりやすくて明確です。だから、真に頭がもの凄くいい人なのだと思う。かなりの学問を学んできた人よりも明確です。この「宇宙＝生命＝文明」というものを同時に考えないと、生活関連のことでも真に有意義なことは何一つとして決断することは出来ません。

だから松下幸之助の決断というものを本の中で読んだら、今後は文明としては何か、生命的には何を考えているのか、宇宙との繋がりについては何を考えているのかを考察すると、その考えが分かります。たとえ生活の話をしていても、松下幸之助の話はそれが現実生活であっても、人間としての生命論そして文明論によってその基礎が支えられているのです。それと、もう一つその下に、宇宙と自分の生命の繋がりが必ず大きな基礎として入っている。ここを見て松下幸之助を考えていくと、PHP理念がどういうものを意味しているかが分かるのです。そうすれば皆さんも、多分、戦後の日本の本当のあり方とか、自分の中のPHP的考え方を未来への思想として確立していくことが出来ると思うのです。

さて宇宙論について、松下幸之助は「新しい人間観の提唱」の中で「生成発展」という言葉を使っています。それは宇宙の躍動を息吹きとして捉えた考え方です。これが松下幸之助の理想であり、その根源的な理論を創り上げている言葉です。幸之助の持つこの宇宙論を実務と生活に落とした場合、「諸行無常《しょぎょうむじょう》」という人間の持っている悲哀感とか哀切感とか、そういうところに落ちていきます。諸行無常という仏教的なものが、松下思想には人生の問題として多く出てきます。この出し方は、日本の昔の教養人の出し方の根本とも言えるものですから、松下幸之助をこの点で研究していくと、昔の人の思想の多くが分かるようにもなると思います。

次は生命論ですね。生命論は松下幸之助の言葉としては、「天命」または「使命」という言葉で言われるものです。この使命とか天命という言葉が出てきたときは、自分の生命の本源と他の人間の生命との繋がりだと思っていただければいい。必ず生命と生命の「関係性」を含んでいるのです。そして実際の例題としては、あらゆる人の人生とか人間論、人生論の話題として出てきます。だから松下幸之助の人生論は、直接には生命論の実際の例題だということになるのです。

それから文明論として何が出てくるかというと、ここには必ず「物心一如《ぶっしんいちにょ》」という言葉を松下幸之助は好んで使っています。物心一如は知っての通り禅の用語です。これはＰＨＰ理念を考えるときに鍵になる言葉なのでよく知っておいてもらいたい。物心一如は、理論的に言えば、心が中心にまずある。そして周りを回る遊星として出てくるのが物だということなのです。だから、物を考えるときにも、松下幸之助の思想の根源には、必ず心がある。その心は学問的に言うと、先ほども少し触れた石門心学で培われた考え方だと思います。時代的には、戦前の大阪商人ですからね。だから必ず「心」と「物」を一緒に考えないと、松下幸之助の思想は全く理解できないということです。物だけだと思えば、すべて間違いです。必ず物の中に、心があって、心が生命と宇宙に繋がっていると思って、松下思想の一行一行を読まなければ駄目だということです。私はもともとそういう本の読み方をしているので、そのことがよく分かるのですが、そういう読み方をしていない場合には、松下幸之助の言葉はほとんど分からない。悪くとれば、ただの表層的な説教にしか聞こえないでしょう。しかし、こういう見方が分かってくると、ものすごく深い哲学概念が語られていることに気づくのです。

崇高を目指す

今述べてきた松下幸之助の三つの特徴を全部纏めて一言で言うならば、それは「崇高を目指す何ものか」ということになります。「崇高」という言葉で表わされる魂です。美しさでも優しさでも繁栄でもない、他の何ものでもない。つまり、松下幸之助はこの崇高ということを目指しているのです。ここが分かると、すべてが分かってくるというほどこれは大事なことなのです。それで、崇高というのは後ほど説明しますが、その定義として、世界中の哲学者の中で一番すばらしいと私が思っているのが、エドマンド・バークのものなのです。バークは『フランス革命の省察』で知られるイギリスの哲学者であり政治家です。

崇高については、バークの書いた私の好きな『崇高と美の観念の起原』（邦訳・みすず書房）という本に書いてあります。今から言う定義は私が訳したものです。色々訳し方によって違いはあるのですが、崇高とは何かということが端的に示されています。

それは堅固で量感を持ち、人間に畏《おそ》れを抱かしめるものであり……ごつごつして荒々しく直線的で暗く陰鬱である。

これがエドマンド・バークという哲学者の崇高の定義です。色々な崇高の定義があるのですが、一番本質を衝《つ》いていると思うものです。これが崇高なのだということを、まず現代人は分からなければなりません。現代がどのくらい崇高から離れているかということがよく分かります。

私は宗教哲学が好きなので、聖書を読んでも例えば旧約聖書は全部この崇高ですね。ここに書かれているのは、崇高の内容が文学や詩、また予言になったりしているということです。崇高は怖いです。畏れのないものは、崇高ではないということが重要なのです。畏れがなければ、どんなにすばらしいことにも崇高さはないということなのです。だから今の日本は、ここをかなり飛び越えないと、いくら頑張っても秀れた人間が目指していた崇高さとはほど遠いのではないかと感じています。

松下思想は、すべてこの崇高を目指している。それが分からないと幸之助の言葉は、やけに身近な生活的なものになってしまうのです。崇高を目指す松下幸之助が、戦後の日本の出発にあたって、まずすべてを振りはらって、それこそ清水の舞台から飛び降りた気持ちで纏めた思想が、私はＰＨＰ理念だと思っているのです。ＰＨＰ理念は、その行き着く先は、すべて崇高という概念で表わされるものだということを、まず理解しておいてください。崇高を目指したということが、ＰＨＰ理念の総論を締めくくる結論となります。

天命について

それでは「新しい人間観の提唱」について考えていきたいと思います。ここからはPHP理念を考えていくために、先ほど出た課題をもう一度くわしく、つまり各論的に考えていきたいと思います。まずこの提唱を読むときの重要な主軸の一つは、もちろんあの「天命」ということにあるのですが、その「天命」を説明するのに、私は人間にとって何が一番大切かということを表わす「宇宙的使命」という言葉を使いたい。私の言う「宇宙的使命」と、松下幸之助の言う「天命」は全く同じものだと思ってください。松下幸之助は「宇宙的使命」という言葉は使っていないですが、私が思う「新しい人間観の提唱」は、人類が持っている宇宙的使命について語っているのです。その宇宙的使命のことを、天命と言っている。宗教的に言えば、天命は神を志向する生き方です。だから松下幸之助の潜在意識は、ものすごく神を志向する宗教性が高いということです。

現代はたいへん誤解されていますが、歴史上、価値のあるすべてのもののうち宗教性がないものはありません。人類は、もともと価値のあるものを宗教的と呼んでいたのです。だから、職人が作ったものでも、美しいものや優れたものは、人が見れば宗教性を感じます。そういう優れたものを宗教的だと思うのが本来の人間なのです。それで、松下幸之助は、これはもう生まれながらだと思うのですが、特にそれが強くて、子どもの頃からあらゆるものに宗教性を感じ、自分の中で自己の宇宙的使命と天命に結びついていったのだと思います。それがこの「新しい人間観の提唱」を形づくっている理想だということです。この天命に基づく理想を踏まえて、さっき言った「物心一如」というものが分かってくると、人類は「地球の主人公」になるのだと幸之助は言っているのです。私は、この生き方が完全には出来ないとしても、日本のこれからの道だと思っています。松下幸之助がその単語を使っているかどうかは分からないけれども、人類が地球の主人公にならなければならないということを「新しい人間観の提唱」の中で、また「新しい人間道の提唱」の中で言っているのです。真の主人公です。これが、幸之助の中心思想です。

　この「地球の主人公」というのは、非常に深い考え方です。今の人類の生き方は、例えば原発や原子爆弾を作り、還元不能物質を作り、人類は自分自身で地球の塵芥《ごみ》になろうとしているのです。自分自身を塵芥にしようとしているというか、まあ人によっては黴《かび》という人もいます。地球にはびこる黴ということです。そうではなくて、人類は地球の主人公にならなければいけないのだということを松下幸之助は言っているのです。そのための「物心一如の繁栄」です。これは物質主義ではないということを表わしているのです。物質主義を支える心がなければ駄目だということです。その心が一番重要なことだと言っている。これはもの凄く難しいのです。これが分からないと、ＰＨＰ的な発展は、もう絶対に出来ないと言った方がいい。また反対に心に行き過ぎると、今度は物質が駄目になるという面もありますから、ここが修練と言えば修練です。そのためにさっき言った「新しい人間観の提唱」の中で松下幸之助が一番言っていることが、やはり崇高を目指すのが人間の使命だということに行き着くのです。崇高は強く気高く、清濁を併せ呑むことによってそそり立つものだからです。

高貴性と野蛮性

そして次に、「高貴性」と「野蛮性」ということに言及していきます。さっき言った高貴性の部分というのは、武士道の影響を受けた町人が自らの道徳を自分たちで築き上げたもので、商道と呼ばれていたものです。それを石田梅岩という人がひとつの思想に纏めたものを「石門心学」と言い、昔の大阪商人には好きな人が多いのです。これは武士道の影響から出来たものですから、武士道の文化が日本の庶民に浸透していたことを表わす代表的な例です。この石門心学から受けた生き方が、ほとんど松下幸之助の精神の一番大きな部分を占めています。だから、松下幸之助というのは、日本の商人の代表者でもあるのです。ビジネスマンなどという言葉が使われる以前の商売人、商人と呼ばれていた頃の、一番の代表者ということなのです。もし石門心学を勉強したい人がいれば、石田梅岩の『都鄙《とひ》問答』や『倹約斉家論《せいか》』、また解説書としては、竹中靖一の『石門心学の経済思想（増補版）』（ミネルヴァ書房）などが分かりやすいので読むといいと思います。

この石門心学は、武士道から出た商道でもありますから、実は生《き》まじめな人がやると、まるで逆効果になってしまうのです。大体、まじめ過ぎる人は駄目なのです。これは不良がやらないといけない。松下幸之助には、子どもの頃から凄い不良性があります。不良性があるので、武士道とか石門心学を勉強したことが、弁証法的に活きてきたということです。要は、善悪をこね合わせて、その中から「輝くもの」を創り出す力を持っていたのです。まじめな人がこの石門心学をあまり勉強すると、石部《いしべ》金吉《きんきち》になってしまう。つまらない、何か変な優等生みたいな人が出来上がる。それを教条主義と言うのですが、変に明るくて前向きだと本人が主張するような人間が出来上がりますから、くれぐれも気をつけてください。武士道もそうですが、精神的な道というのは、一番気をつけなければいけないのは、とにかくやり過ぎると、大体、ろくなことはないということです。だから私は、「道徳は破るためにある」と言っているのです。

　これは、全く本当で、道徳は破るためにあるのです。怒る人もいるかもしれませんが、ここが重要なのです。道徳というのはもちろん、まず学ばなければ駄目です。または、躾《しつけ》で教わらなくては話にならない。しかし、それを破ることも重要なのです。すべて自己責任においてです。それを破って、破った自分を反省し罰するのが、人生なのです。今は道徳がもともと入っていない人が多いですから、どんなに失敗しても何も発展しない。その辺の機微が、本を読んでいると松下幸之助は特にすばらしいのです。私などは不良性が表に出やすい方なのですが、松下幸之助級になると全く出ませんから。透徹した目で行間を読まなければ分からない。

　自分で言っていれば世話はないかもしれませんが、私のような読み込みの深い人間が本を読まないとその不良性が充分には分からない。凄い不良性があります。この不良性は生来のものです。幸之助は子どもの頃から凄いです。そのことが松下幸之助が石門心学を勉強して、それを商売に活かせた根源だと私は思っています。これからの人も、道徳を勉強して、その道徳を打ち破り、道徳を打ち破った挙げ句に、打ち破った道徳で自分を苛《さいな》むことが大切なのです。昔、西洋社会でキリスト教がもの凄くすばらしい機能を果たしていたのは、もともと今言ったことと同じ原理なのです。私はキリスト教が大好きですからいつも聖書を読んでいますが、キリスト教の思想も、本当に全部は守れるわけがないです。

あの特に有名な「右の頬《ほお》を打たれたら左の頬を出せ」とか、あれを本当にやったとしたらとんでもないことで、死んでしまいます。しかし、キリストがそう言っていたのですから、本当にキリスト教の信者だった西洋人は、皆一生涯悩み続けていたのです。自分は駄目な人間だというとでね。そして、私が尊敬する過去の偉大な西洋人たちはその苦しみの中から生まれてきた人たちなのです。

反省力の意義

それに引き替え、今の日本人たちは皆自分を大した者だと思っています。まず、善人だと思っている。だから何も反省しない。もともと、自分のことを善人だと思うような人は、馬鹿しかいないということが常識だったのです。これは、本当に昔から決まっていた。善人というのは、もともと自分のことを善い人間だと思っている「馬鹿者」のことを言っていた言葉なのです。だから、今の日本人はほとんどその類型に当てはまってしまいました。

　今、そうなってしまったのはなぜかというと、キリスト教とか、仏教もそうですが、道徳、思想、そういうものが人生の早い時期に深く入っていないので、自己自身に対する反省力がないということなのです。現代は、皆善い人、皆すばらしい、そしてすべての人に全部もともと価値があるということになってしまった。躾が厳しい時代は、宗教でなくとも子どもの頃に親から散々怒られた。私もそうでしたが、親が言ったことなどやっている子どもはいなかった。私も一回もやったことはない。すべて破っていますが、言われたことは全部覚えている。だから、それを出来ない自己というものを、六十八歳の今日になっても自分で分かっている。したがって、やっぱり自分を大した者などとは思えない。我の強い、どうしても我がままな人間だと自分では思う。それはもともとの躾が入っているからなのです。出来なくても躾という道徳が入っているのです。

　先ほども少し言いましたが、多分キリスト教の文化もすべて同じです。キリスト教圏の人は、神とキリストが話した言葉が、子どもの頃に教会とか、色々な学校などで、入っているのです。でも、恐らく誰も出来ないです。しかし、それによって出来ない自分を反省することが出来るのです。つまり真の修身です。これが大切なことだと言いたい。多分、私は松下幸之助はそういう人で、その力が並はずれて優れていた人だったと思うのです。自身で本にも書いているのですが、一つひとつ失敗して、失敗したらすぐにもの凄い勢いで反省し、その反省が次の成功を生み出すという、もう次々、次々に失敗と反省という歴史の繰り返しです。

　私は、こんなに反省力の凄い人間を見たことがない。私ももちろん違うし、今の日本にはいないのではないかと思います。では、幸之助のこの反省力の根源は何かということです。それは、石門心学に支えられた商道が丁稚奉公の頃から深く深く体の中に叩き込まれていたということなのです。また親の躾なども入っていたでしょう。しかし、本人はそれがあまり良く出来ない不良だったわけです。それが良かったということを言っているのです。だから、それがすぐに出来てしまうような良い子だったら、松下幸之助など生まれるわけがない。すべて出来なかったから、あのパナソニックの成功もあるのです。一つひとつ全部そうなのです。

それが一番分かりやすい本が、PHP研究所の専務で松下幸之助の研究をなさっている佐藤《さとう》悌二郎《ていじろう》さんが書いた本です。もしご興味があれば読むといいですが、『松下幸之助の生き方——人生と経営77の原点』（PHP研究所）というものです。これが、一番良いです。今言ったことが一番分かりやすく書いてある。なぜ佐藤悌二郎さんが分かるかと言うと、悌二郎さんが松下幸之助を真に好きだからなのです。愛があるからなのです。松下幸之助を愛する気持ちが、幸之助の本質を見る力になっているというのが、佐藤悌二郎さんの力なのです。それは本を読めば分かる。愛情のない人の本は全く伝わってきません、ただの情報だけの本になってしまう。情報だけの本は行間がない。だから駄目なのですが、行間がない分、読みやすいので今の人たちはそういう本の方が好きな人も多い。

松下幸之助の人生における今までに述べて来たような高貴性と野蛮性とはどういうことかと言うと、諺で言えば、

禍福《かふく》はあざなえる縄の如し

というものなのです。要するに、幸福とか不幸は交互に編み上げた縄のようだということです。これが人生の本質です。あとは有名な良寛の辞世の句にある、

裏を見せ　表を見せて　散るもみじ

です。これを、幸之助は若いときから体感でやってきたということですね。もう一つ、私は一番重要だと思うのですが、芥川龍之介が『或阿呆《あるあほう》の一生』の中で、レーニンに捧げる詩を書いているのです。これが私は松下幸之助の本質、または今後の日本国を背負っていく人間の根源になると思っています。この松下幸之助的なものを身につける際に、一番重要な考え方だと思うのが、「革命的精神」です。松下幸之助というのは革命家だと、私は思っています。革命についての有名な詩が芥川龍之介の詩です。知っている方も多いかと思います。『或阿呆の一生』は、私の一番好きな本の一つでもあります。この詩は、ロシア革命を戦ったレーニンを思い浮かべながら、芥川龍之介が創ったと言われています。

誰よりも十戒を守つた君は
誰よりも十戒を破つた君だ。

誰よりも民衆を愛した君は
誰よりも民衆を軽蔑した君だ。
誰よりも理想に燃え上つた君は
誰よりも現実を知つてゐた君だ。
君は僕らの東洋が生んだ
草花の匂いのする電気機関車だ。

私はこれを、松下幸之助の本を読むと、いつでも思い浮かべるのです。これが、もう人となりの中に入っている人だと思うのです。古いものと新しいものが弁証法的に体内で混ざりあって葛藤し、合流していく、そういう人物だということです。この詩はレーニンを歌った革命の詩なのですが、こういう革命的人物にして、初めて道を切り拓くことが出来るのだろうと私は思っています。これは、私のもともと好きな詩なのですが、松下幸之助を強く感じます。だから、このように生きた人なのだろうと思うのです。多分、松下幸之助を好きな人たちの中でも、自分の見たい面だけを見る傾向にある人にはこういうことは分からないと思いますが、間違いなくこうだったと私は思っています。

逆説の真理

幸之助の人生において、高貴性と野蛮性が交錯するときの特徴としては、「悲哀を嚙みしめる人」だったということが言えます。それと、「喜びを押し殺す人」だということでしょう。「言うことがすべて反対の人」だったという表現もあります。反対のことしか言わない。だから、「もうそろそろ帰っていいよ」と誰かに言ったら、「帰るな」ということなのです。昔の大阪商人は皆そうです。「ご苦労さん、もう皆帰っていいよ」と言ったら、「まだ帰ってはならんぞ」ということなのです。この考え方が重要で、ここが皆、今の日本人は分からなくなったので、経験的な能力が発展しないのです。この言葉を本当に信じて帰れば、昔は叩かれる。叩かれることによって、先に述べた「禍福はあざなえる縄の如し」とか、そういうことが分かってくるのです。今はこれをやれば「いじめ」になってしまいますから、今の人は可哀想です。人間の重層構造を学べない。そういう意味で今言ったような社会構造が、偉大な重層構造をつくったのです。

だから、私が松下幸之助の本を読んで一番感じるのは、あの人は本当に「暗闇」だったのだろうなということです。もう何も見えない「偉大なる暗闇」だと私は感じています。誰にも理解されない孤独な人だったと思うのです。その特徴は、もちろん高貴な人として、その高貴性が紳士性として具現している。しかし、その紳士性は偉大なる野蛮性に支えられていたことが、松下幸之助の特徴だろうということです。それで、さっき言った、禍福の問題であった幸・不幸の弁証法的展開ということになるのです。これがあると生命は、宇宙に繋がっていく。宇宙がもともと、幸と不幸、陰と陽、熱と寒という対立構造で出来上がっていますからそうなるのです。

繰り返すと、人間の精神というものは、必ず宇宙に繋がっているのです。だから、鍛えれば鍛えるほど、より確かに宇宙に繋がっていく。この人生の逆説を鍛えないと宇宙的、生命的なものが全く分からなくなるのです。その点、今は非常に即物的になっています。地球の表面にへばりついている感じです。私は「不合理」という言葉を使いますが、不合理なことに苛まれれば苛まれるほど、人間は宇宙に繋がっていく。宇宙に繋がるとは、一言で言えば愛の本質が分かるということなのです。だから、愛が分かる人は、不合理にぶつかり、不合理に苛まれて来た人ということです。苛まれなければ、愛は分かりません。愛を受けることは出来ても、自分が愛を理解したり、愛を生み出したり、愛を与えたりすることは出来ないということです。この高貴性と野蛮性が本当に自分のものとなれば、松下幸之助流に言う、「地上の真の支配者」になる。そして、それが人間の使命だということです。こういう人物が創ったＰＨＰ理念だということを考えなければ駄目なのです。

それから「宇宙＝生命＝文明」についてです。松下幸之助を支える中心は、宇宙生成の悲哀にあったということが大切なのです。もともと、人間の精神は悲哀から生まれました。悲哀というと、分かりにくいのですが、幸之助の場合、これは子どもの頃から醸成されていたはずです。松下幸之助の精神というのは、悲哀が群を抜いて強いという特徴があります。この強い悲哀によって、多分、日本社会にあった仏教の諸行無常観というものを早くから自力で摑んでいたのだと思います。それが、若き日には不良性を生み出したのでしょう。不良性と言うと、少し言葉が悪いかもしれませんが、「反骨心」や「反抗」そして「反骨精神」というか、そういうものです。それが革命の精神を生み出していた。だから、悲哀がないと不良性は生み出されず革命の精神も生まれてこないということになります。その一方、割と運の良い人は悲哀がないので何かやけに明るいです。大体、やけに明るい人は駄目ですね。そう昔から言われていますが、今の人は分からなくなってしまった。

わが創世記

この悲哀の強さを、松下幸之助の特徴として認識していなければなりません。悲哀があることによって諸行無常の世の中が分かってきて、それが反骨精神を生むところがすばらしい。これが、松下幸之助であり、また、何ものかを為す人間を創るのだろうと思います。こういう悲哀の中から生まれてきたものが、松下幸之助の精神です。松下幸之助の精神で一番強く感じるのは、これは私の解釈では自己の「創世記」をつくりたかったのではないかということです。「創世記」というのは宇宙と地球の創世です。少しお伽噺みたいになるのですが、「新しい人間観の提唱」を読んでいると、私は人類にもう一度、創世記を行なわせようと思っているように感じるのです。自分がそのさきがけに成りたいという感じを受けます。

それで、私がもともと好きな思想なのですが、その「創世記」に関しては、ドイツの哲学者エルンスト・ブロッホという人の『希望の原理』（白水社）というもの凄く分厚い三冊組の本があるのです。私の愛読書なのですが、読んでいる人はほとんどいないですね。この膨大な本の最後を飾る言葉が、創世記を夢みる思想なのです。

現実の創世記は、初めにではなく終わりにある。

この言葉に出会ったときに私は衝撃を受けたのです。私の一番好きな言葉の一つとなり、それを松下幸之助の思想に強く感じています。だから、幸之助がただ電器製品を作ろうと思っていたのだとみれば、松下電器の創業からの発展の理由は全く分からない。松下幸之助は電器製品ではなくて、もう一回、人類の創世記をつくり、創世記を生きようとしたということです。それで、最後に死ぬときまで、結論的に言うと、本当に無念の思いで死んでいったと思うのです。松下幸之助は、自分がやろうとした理想は何一つ遂げられなかった。だから、十分の一と先ほど言いましたが、幸之助の思ったことの十分の一が、パナソニックとPHP研究所そして松下政経塾だということなのですね。そのくらい、思想的に大きいということです。だから、松下幸之助自身は、不幸のどん底の中で死んでいったということです。私はそう思っている。それがまた、あの人の偉大さなのです。だって日本一の成功者と呼ばれるような人なのに、日本一の不幸な状態で、不満足この上ない中で死んでいったわけです。それが松下幸之助の真の意味です。新たな創世記を生きたいのですから、はっきり言って人間には無理なのです。しかし、私にはその気持ちが痛いほど分かるのです。

エルンスト・ブロッホも、このような『希望の原理』を書いて、書き終わる直前に先の言葉を入れたのですから、やはり、人類の希望に向かう人は、「創世記」を志向するということではないでしょうか。そして多分、未完で終わり、挫折していく。だから、人間というのは、未完で終わり挫折しなければ駄目だと私は言っているのです。私はそれを「不幸の哲学」と言って、皆に不幸になるように言っているのです。もちろん、私もそうなる気で生きています。私も不幸を受け容れる覚悟で頑張っているのです。不幸になりたくなかったら、もともと頑張ろうとは思わないです。それはなぜかと言うと、私の尊敬する人たちが、不幸の中で死んでいったからです。やはり人間として先人の後を追い、自分もそのような真の人間として生きるには、人類の祖先たちの苦労を背負うという人生を送りたい。

要するに、そういう先に生きていた偉大な人たちは、私はもう自分の祖先だと思っているのです。それが真の親です。親たちが泣いたその苦労を、もう一度背負うのが子孫の務めだと思っています。だから私も創世記を生きようとしている。そういう理由で松下幸之助の気持ちが分かるのです。この松下幸之助の決断というものが、たくさん本に記されているのですが、その一つひとつの決断が人類発生まで全部さかのぼって、生命論と宇宙論に基づいてなされているということなのです。こうやって考えると、非常に面白く本が分かってくる。だから、松下幸之助の事業は、あのパナソニックの大成功ですら、全体のほんの一部だということになるのです。

ＰＨＰ理念の出発

我々が松下幸之助だと思っているのは表面で、幸之助がほんの少し日本の「戦後の時代精神」に合わせたものが、その成功と言われているものなのです。それが、我々が一般的に思う松下幸之助です。だから、ＰＨＰ理念というものを立ち上げたのが昭和二十一年だったということに決定的なものがあるのです。このときは、物質的豊かさだけが求められた時期です。それから女性の家制度からの解放に繋がる封建的とされるものの破壊、つまり女性解放ですね。家における女性の労働を助けることが進駐軍命令としての絶対善だった。だから、ＰＨＰの理念というのは、戦後の焼け野原になった日本で思ったことだということを知らなければ何も分からないのです。

そして、松下幸之助が提唱したＰＨＰ理念、「繁栄を通しての平和・幸福」というのは、それが提唱された当時は、実はどちらかといえば日本の地域社会では反対者の方が多かったというのを覚えておかないと駄目なのです。もう皆さんの世代では分からないと思いますが、今年六十八歳になる私などは、自分の小さい頃は高度経済成長初期なのでまだ古い日本が残っていたのです。そしてしばらくして、私が中学生の頃くらいから戦後の状態を少し抜け出し、家電製品が一つひとつ家庭の中に入ってきたのですが、その当時はどこの家でも家電製品は悪魔の代理人と言われていた。もう誰も分からないし忘れ去られてしまったことですが、私の母も、電気洗濯機、電気冷蔵庫などを買う度に、祖母から散々にけなされて、嫁姑の大喧嘩で大変でした。どこの家でもそうだったのです。家電製品というのは、祖母の世代の人は、「人間を駄目にする」「人間が馬鹿になる」「こんなものを使って怠《なま》け者だ」と、こんなものは悪魔だ、何だと祖母は言っていました。母は、昭和二十年代、三十年代ではまだ若いですから、そんなことはないと言って、大喧嘩をしながら反抗的に買っていったわけです。近所の家も似たり寄ったりでした。

私が言いたいのは、松下幸之助のやった種々の事業は、そういう国民の半分からは悪魔だと思われているようなことだったということです。幸之助が神になったのは、高度経済成長後の結果を見てからなのです。それが分からないとＰＨＰ理念が何だか分からない。今のＰＨＰに対する思いは、私が見ていると、「良い人さん」で「自分が善人」だと思われたいという感じが伝わってきます。松下幸之助がそうだとしたら、昭和二十一年に女性解放を唱えることも出来ないし、物質的豊かさに全力を投球することも出来なかったのです。まだまだ日本は、貧しさの中に皆が美徳を持っていた。家庭ではまだ機械力を悪だと見なしていたのです。子どもにも、安易に物を与えることは悪いことだったのです。私が四歳か五歳の頃、母は凄く甘い人だったので、近所の子がうちに遊びに来たときに、例えば外国製のお菓子をあげたりしていた。当時は外国製のお菓子などは凄い高級品だった。私の家は「富豪」でしたから（笑）。

そこの「お坊ちゃま」が私だったんですね。私を見くびってはいけませんよ（笑）。外国製の物とか、あの当時の日本では手に入らないアメリカ製のお菓子とか、そんな物ばかり食べていた。だから、私の家に遊びに来るとそれがもらえるわけです。そうしてお菓子をあげていたら、近所に菅谷さんというおばあちゃんがいたのですが、何回も怒鳴り込まれた。「よその家の子に勝手にお菓子などくれるな、ふざけないでほしい」と。特にこんな高級なものを、「後の責任とれるのか」と言っていました。私が四〜五歳の頃のことですが、はっきりと覚えています。「よその家の子どもに勝手に高級なお菓子をあげて、あんたが一生涯この子にくれるのか」と、「この子の人生に責任もとれないのなら、よその家に口出すな」と言われていました。「この子が贅沢な人間になったら、どうしてくれる」と言っていた。

それで、母はいつも謝っていました。物をあげては、謝る。今からは考えられないです。しかし、多くの日本人が贅沢は悪魔であり、家電製品なども人間が怠けて馬鹿になるものだと、信じ込んでいた。まだそういう時代だったということです。その時代に松下幸之助は未来はこうなると言って、それを確実に行なったということなのです。だから、やはり私はこれは反骨精神だと思っている。実は、時代に合わせるのと反対なのです。つまり、そこがＰＨＰ理念なのだと分からなければ駄目だということです。そういう反骨の人が創ったＰＨＰ理念なのです。要は、問題はそこです。

ＰＨＰ理念の意味

さて、そもそもＰＨＰとは何か、その意味を問いたいと思います。まずＰＨＰという言葉は英語の「Peace and Happiness through Prosperity」の頭文字です。ここでなぜ英語を使ったのかということです。今はすっかり忘れてしまっていますが、この当時は日本は独立国ではなく連合国に占領されていた。公式のものはすべて英語の時代なのです。松下幸之助は公式に連合国と日本国民全部に訴えたかった。それには英語しかなかったのです。そのようなことも、知らなければなりません。幸之助の苦労と涙を知らなければならないということです。

まずＰＨＰの意味は、繁栄を通しての平和と幸福だということで、全部が並列ではないのです。英語では必ず「through Prosperity」と書いてある。through があるということは、「繁栄を通して」ということです。つまり、すべてに繁栄が入っているということです。「繁栄の中の平和と幸福」ということです。つまり松下幸之助が昭和二十一年に言った繁栄とは何かということなのです。これは、昭和二十一年の繁栄は「物質的豊かさだけ」ということになります。これは当時なら誰でも思うことです。時代的に何もないのですから、まずは物質です。現実生活は別にして、思想的には、それの善し悪しを問う人はいません。

ところが、物質的発展を遂げた後の今の時代になってみれば、繁栄ということは、「貧しさ」も繁栄ではないかということを言いたいのです。実は繁栄の真の意味は「豊かさ」です。

そしてこの「豊かさ」とは何かということを問いたいのです。実は貧しいことも豊かさなのです。「清貧」という言葉を使うと分かりやすいですが、ここが分からないとＰＨＰの今日的意味は分からない。松下幸之助の頃は本当に何もない貧しさのどん底にあって、その現実の中には何も希望を見出せないときに、物質的繁栄を目指した。だから、松下幸之助は、物を作り、物を供給していったのです。あの当時の女性は、日本の場合は家に縛りつけられ、何の発言権もなく、そして働くところもない状態のときの、女性の解放です。松下幸之助が生きていたら、今の女性のことは解放も何も我がまま放題で、ひっぱたくと思います。大体、私の予想は外れません（笑）。

だからこそ、松下幸之助が今、生きていれば、新しい「貧しさ」に向かうと思います。貧しさと言うと、少し言葉がおかしいかもしれないけれど、「清貧の思想」です。嗜《たしな》み、奥ゆかしさ、弁《わきま》えといった言葉で表わされるものです。日本人が持っていた、本質的な美しさです。戦後の焼け野原の方が一時的な現象なのだと分からなければなりません。私は、今なら松下幸之助は日本人本来の姿を取り戻す産業を興したと思います。昭和二十一〜二十五年までは、もうとにかく物質ですから。そのときにＰＨＰ理念を唱えたということを、まず分かっている必要があります。

昭和二十一年までタイムスリップした場合で考えてみましょう。いつでも、成功する人の意見というのは「その時代」にはすべてが夢なのです。だから、その時代は誰が見ても、現実には全くないもの、つまり夢です。だから、松下幸之助がＰＨＰを唱えていた頃は、物質的豊かさとか、女性の活躍する時代、つまり女性の解放とか、そういうことは昭和二十一、二年の日本では誰も現実化するなどと思っていない夢だったということです。でも、今そうなっています。そういうことが重大なのです。だから今、新しくＰＨＰ理念を唱えろと言うのなら、今の時代では絶対に出来ないと思うようなことがそれなのです。今の日本人には無理だ、そんな社会になるわけがないと思うことが、実は新しいＰＨＰ理念だということです。

今どき、物質的豊かさとか、何とか言っているのは馬鹿げています。また、こうなるのが分かっていたという人がいるなら、それは後出しジャンケンと呼ばれるものでしょう。今の日本人は、誰も想像できなかった夢が現実に叶ってしまった、ということが分かっていないのです。だから、本当の意見や理念というのは夢なのです。そのときの現実にはないということです。松下幸之助がＰＨＰを唱えたときには、ＰＨＰの状態というのは、あの当時には全く日本にはなかったものだったのです。だから、宇宙的物語であり、お伽噺です。私にはどう考えても、ＰＨＰ理念はお伽噺で魔法だとしか思えないのです。これ、皆さんにはしっくりこないと思うのですが、ああいう偉大な実業家が唱えたことというのは、本当に魔法なのです。叶えられてしまったから、全く分からないだけで、成功は、成功が大きいほど魔法なのです。

自動車が凄いというのは今では誰でも言いますが、誰もが想像もしないときに「自動車が満ち溢れた社会」を思い浮かべてヘンリー・フォードは、ベルト・コンベア方式の一貫生産を始めたのです。あの時代の誰に聞いても、自動車がこの世に満ち溢れるなんて一人として思っていません。だから、ヘンリー・フォードは夢だけに生きる気狂いだったとも言えるのです。ただ私は、やっぱりヘンリー・フォードも「魔法使い」だったのだろうと思います。外れれば、ただの馬鹿となってしまう。でも、当たったら魔法使いなのです。松下幸之助も当たっていますから、魔法使いなのです。そういう考えのもとに、もう一回現代に話を戻すと、現代の魔法は何なのかということです。現代の日本または未来の日本がそうなるわけがないだろうと思うことや、絶対にならないと考えることを、新しいＰＨＰ理念として打ち立てなければならないのです。そうしないと、松下幸之助の立てたＰＨＰ理念の真の魂は分からないことになってしまう。

魔法と繁栄 I

私は、この魔法ということから一つ、松下幸之助が唱えた繁栄と呼んだものの真実に気づいたことがあるのです。松下幸之助とその時代を考えていて、「Peace and Happiness through Prosperity」の、この Prosperity という言葉がなぜ選ばれたかということをずっと考えていたのです。私は何でも語源が好きなのですが、繁栄というこの言葉の語源は、Pro-というのがラテン語の接頭辞で、未来を表わす言葉なのですね。「前に、先に」つまり、言い換えると forward です。つまり Prosperity は「未来」を表わす言葉の一つなのです。だから、現在にはその主体がない。したがって繁栄という言葉を今使っても、使ったときには、それが未来の形でしかないということなのです。松下幸之助は、言葉の意味を直観で分かっていたから、未来に対する意味の言葉を持ってきて使っている。それを「通して」の平和と幸福だというところが重要なのです。並列で置かないで、これは未来にしか実体がない言葉をまず置いて、その実体がない言葉を「通して」実現する平和と幸福に価値があるのだというのがＰＨＰ理念だった。この未来形のプロスペリティーという言葉は、既に実現していて、現在、社会は繁栄していると、皆思っているのではないでしょうか。もし、思っていたら未来にしか「実在」がないのに今繁栄していると錯覚することになってしまう。その結果として、「現在」は怠惰と傲慢、そういうものしか生み出さないということになってしまうのです。言葉というのは、未来へ向けての言葉を現在だと錯覚すれば、そうなるということです。

私は、今の日本の現状は、そうなっていると思っているのです。この怠惰と傲慢です。なぜなら、我々が今ある程度、「繁栄」していると自ら思ってしまっているからなのです。だから、繁栄という言葉は気楽に現在においては使ってはいけない。もしも繁栄という言葉を本当に哲学的に深めていって松下幸之助のように深いものが分かったら、それこそが真の魔法になるわけです。

この魔法という言葉で、少し前に一つ思い浮かんだことがあるのです。それは、シェイクスピアの『テンペスト』という作品です。シェイクスピアが単独で書いたものとしては、最後の作品と言われています。シェイクスピアはご存じのように言語の天才ですから、言語の意味の深いところまで全部理解して使っている。私はシェイクスピアが好きで、その全集はもちろん、イエール版とアーデン版のそれぞれを原典で何十回と読んできました。シェイクスピアは、一つひとつの言葉が語源からすべて来ているのです。そこで松下幸之助と結びついたのが、その『テンペスト』です。嵐という意味なのですが、『テンペスト』の中の主人公の名前が、「プロスペロ」と言うのです。プロスペロというのは、語根がプロスペルなのですが、これがプロスペリティーの語源と全く同じなのです。繁栄という意味なのです。このプロスペロは何と『テンペスト』の中でちゃんと魔法使いになっています。だから、シェイクスピアは深いところから物語を創っていることが分かるのです。その言葉「プロスペリティー」を自己の思想の根源に選んだ松下幸之助はシェイクスピアを読んでいたかは分かりませんが、シェイクスピアと同じく、言葉の中にある深みを摑める人だったと、私はそう思っています。

魔法と繁栄 II

この『テンペスト』は、非常に面白いのですが、プロスペロという主人公が、昔はミラノ大公だった人で、これが弟に騙されて国から孤島に流されてしまうのです。喜劇なのですが、私はもともと繁栄の裏側にある真実、つまり真の「繁栄」とは何かということを、物語の中で明らかにしているものだと思っているのです。それを表わすのに非常に良い言葉が物語の中に出て来るので、松下幸之助の人物を研究する上でも、ＰＨＰ理念の「繁栄」の意味を考えるための、文学の一つの言葉として覚えておいてほしい。この言葉は私が選んだのですが、主人公プロスペロの善い面の潜在意識を表わす人物としてゴンサーロという枢密顧問官がいる。ゴンサーロは、シェイクスピア本人の善い面の心を表わしている。またアントニオという人が出てくるのですが、アントニオは悪い面の心を表わしています。そういう配役で心の動きをきちっと配置しているわけです。その人たちが喋っていることの中で、

「ここには、生きるのに役立つものは何でも揃っています」

と、ゴンサーロが言うのです。

そうすると、アントニオが、

「その通りだ。生きるのに必要なものは別だが」

と答える。これは、便利なものは全部揃っているけれども、必要なものは別だということを表わしている。ここが、大切なのです。次にセバスチャンという人が、

「それは、まずないと言っていいだろう」

と言う。何でも揃っているが、必要なものはない。そういうことなのです。私は、これが繁栄ということの本質だと思っているのです。繁栄は、未来に実在がある概念ですから、この現世においては何もないということなのです。そして、繁栄の根源は便利なものは何でも揃っているということです。ただし揃っているけれども、生きるのに必要なものは別なのです。それは、「ない」のです。これは、皆さんも生きていると実感すると思います。「必要なもの」というのは別なのです。必要なものはどこにあるかというと、宇宙の果ての我々の魂の故郷にあるのです。それは、宇宙の果てにあるのです。その宇宙の果てにあるものを摑まなければならない。それが私の言う「憧れ」であり「垂直」であり、その精神が成し遂げるものだと言ってい

るのです。つまり清く高く悲しいもの、つまり崇高です。

先ほどの「それは、まずないと言っていいだろう」という言葉によって、我々は絶望の淵につき落とされてしまうのです。

「その絶望から、あなたには大きな希望が生まれるのです」

とアントニオが言う。あの悪い心の持ち主のアントニオが、です。そして、そのアントニオが、

「一方に望みがなければ、他方にはこの上ない望みがあるわけです」

と言う。さっき言った繁栄というものについて、現世に降りてくる思想が述べられているのです。繁栄の本質を摑んで、それを現世に活かせる人は、つまりは「悪人」ということに繫がっているのです。シェイクスピアの作品は、こういう非常に深い洞察から生まれた台詞《せりふ》ですから、世界一の戯曲と言われているのです。「一方に望みがなければ」ということは、もう松下幸之助の本にはいつも出てきます。これが駄目だということは、もっとすばらしいものが横にはあるということです。

それを想うことが出来るのは悪人なのです。絶望を力に変えられるのも悪人です。あの信仰の聖人と呼ばれた英国のジョン・ミルトンが、その『失楽園』において、悪魔に語らせている台詞がある。

「一敗地に塗《まみ》れたからと言って、それがどうしたと言うのだ。すべてが奪われたわけではない」

私が最も好きな詩行の一つです。悪の力というものは、人が生きる原動力を生み出すものではないでしょうか。善人は弱く、すぐに傷つきます。ここに、宇宙的実在として、そのことが示されている。だから、悪を呑み込んだ真の人間は、絶望が深ければ深いほど大きな希望が生まれるのです。そして望みがなければないほど、違う方面を見ればもっと大きな望みが生まれてくるということです。そういうものが、人生の要諦《ようてい》なのですが、松下幸之助はそれを一番深く理解していた人なのです。でもそれを理解するには、さっき言った繁栄なら繁栄の本質が分かっていないと駄目なのです。本質は、宇宙と直結している思想がないと分からない。それで最後に、プロスペロという主人公本人が総括として言っているのは、

「我々人間は、夢と同じもので織りなされている」

ということです。これが、我々は宇宙の一部であり、我々の真の住処《すみか》は宇宙の果ての生命の故郷にあり、それを目指して我々は生きなければならないということなのです。だから、この世は夢だということは本当なのです。本当にすべて夢なのです。そう言っても分かりづらいとは思いますが、私はそう思っています。私は、自分の魂の本質も宇宙の果てにあると思っています。そこに、死んでから私は行くつもりでいます。それが、私の生き方であり、多分、松下幸之助もそうだったと、だから分かるのです。

繁栄の目指すもの

魔法の中を生き切るその夢が、現世だと私は思っています。だから、現世の成功や、現世的な欲望はあまり無い。私は割と激しい方ですから、休息も求めない。休息しようという気がないのです。死ぬまで休まない。独立して三十五年、一日も休んだ日はないです。とは言え、毎日寝ているから休んでいるのですが、寝るだけです。そういうことはあっても、今流に言う休息というのはとったことがない。なぜかと言うと、生きるということは、死んでから宇宙の果てにある魂の故郷を目指すことだと思っているからです。私はそっちに行ってからゆっくりと生活するつもりでいますから、全然この世では休まない。松下の文献を読んでいると、幸之助もそう考えていたのではないかと思えることが多いのです。

松下幸之助の繁栄の摑み方は、シェイクスピアの『テンペスト』の中に出てくる魔法に通じていくような繁栄、つまり魔法としての繁栄を日本人に対して提唱したのではないかと思うのです。簡単に言えば、真の夢を与えようとした。そういうものと同じ平面の摑み方を松下幸之助はしていたということです。それほど深い人だった。そういう人が提唱していたＰＨＰ理念だということを忘れてはいけません。

何度も言いますが、松下幸之助が今、生きていれば、これからの時代の「豊かさ」は良い意味の「貧しさ」ではないかと思えるのです。これから貧しさに向かうなどというのは、とんでもないことだと、多分、皆思っていると思います。だからかえって、松下幸之助はそう言うだろうと私は思っているのです。誰も思わないことを幸之助は思う。それを事業化する能力がある人が松下幸之助だと思います。必ずそう言うと思っています。ただ、貧しさと言っても、清貧の思想ですよ。これは日本人が昔から大切にしていた、物を使わないで知恵を絞ることや、倹約といった思想です。

さっきも話しましたが、あくまでも松下幸之助はその時代の中で自分が出来ることをしたのです。豊かさとか女性解放は、その時代では一番人々に夢を与えることだった。今は全く必要ないです。今どき、女性解放などと本当に言う奴は馬鹿です。全く解放する必要はない。少し手綱を締めた方がいいに決まっています。

そういうことで松下幸之助の本質は、「崇高」だということが段々分かってきてくれたと思います。非常に剛直で荒々しく、ごつごつしていて何だか摑みどころがなく、直線的でかつ暗く、陰鬱な「何ものか」です。この辺が、松下幸之助を嫌いな人は嫌いなのでしょう。暗く陰鬱な部分もある。これは何かというと、見えない部分が大きいですから、どうしてもそう見えてしまうのです。大体において、ああいう偉大な人物というのは、身近な人からは嫌われることも多いのです。それは、崇高だからなのです。崇高なものは、やはり怖いし、恐ろしい。何か近づき難いものがある。でも、何度も同じことを言いますが、その人が唱えている繁栄を通しての平和と幸福ということが重要だということなのです。いつでもそれを基準に考えなくてはなりません。

平和について

次に平和思想についてです。繁栄が大体どういうものか分かってもらえたと思うので、次に繁栄を通しての平和について考えたいと思います。松下幸之助は知られている通り、戦後は既に五十歳を超えていたと思います。つまり、あの戦争体験を生き抜いたことから生まれてきた平和思想なのです。だから、我々今の日本人が考えている、生まれたときから平和しか知らない平和思想ではない。戦うことは、すでに前提にあるということです。それで、戦いに疲れていたのが当時の日本です。戦って戦って疲れ果てて、国中が焼け野原になったときに抱いた平和思想だということです。そこが重要なことです。私は、松下幸之助の中には「戦い」は必要だという思想が根深く入っていると思う。この「平和」の中の一番重要な要素として、戦うことと貧しさを許容する心が松下思想の底辺にあるということです。ただ幸之助が「平和、平和」と言っていると思ったら大間違いです。

私は死ぬほど本を読んできたので、タイムスリップがすぐに出来るのですが、今話して来たことは、昭和二十一年の終戦後の日本に戻らないとよく分からない。あの時代のことは、今からは想像も出来ないのです。だから松下幸之助が唱えたＰＨＰ理念というのは、昭和二十一年では魔法だとさっき言ったのです。あの時代の日本人で、日本がこれだけの経済力のある国になる、また例えば女性が今のような状態になることは本当に誰一人も想像できなかったのです。でも、松下幸之助の未来像の中には多分あったのでしょう。そういう人を天才と言う。つまり魔法使いなのです。あれだけの成功者は、私は魔法使いだと思っていて、現世の人間だとは思っていない。だから、その当時の幸之助が言う平和について私は語ることが出来るのです。

色々と幸之助の本を読んでいると、平和は勝ち取るものだという考え方が書かれています。平和は、与えられるものではないということです。それは、戦いによって得られるものだということなのです。だから、戦いが前提にある。現に今の憲法で享受している我々の平和思想も、戦った果てに得られたものです。大東亜戦争がなければ今の平和憲法はない。要は、戦わなかったら無かったものなのです。そこが分からないと何も始まらない。平和憲法の中心や平和憲法の主旨は、平和ではない。戦ったから与えられたものだということが分からないと、あの平和思想の根源が分からない。そのことを、昭和二十一年の時点で松下幸之助はほとんど分かっていたのです。

幸福とは何か

続いてＰＨＰ理念の中における「幸福」とは何かということです。この幸福を考える場合に一番気をつけなければいけないのは、幸福は自己を離れた概念だということなのです。自己を離れるとは、自分以外の周囲や外部の環境の中にある概念ということです。だから、外部にある人や物に対して抱く概念なのです。自分の親しい、誰か他者の「幸福を祈る」という使われ方がよくそれを表わしています。今の日本人はここを間違えているのです。自分に対して幸福思想を受け容れてしまった。それによって、一〇〇パーセントすべてがエゴイズムになりました。つまり、利己主義です。今の日本人は、ほとんどの人がそうなっている。自分が幸福になりたいのですから。自分が幸福になりたい人間は、すべてエゴイストなのです。幸福は、自分が愛するものに対する概念なのです。自分が愛するものに幸福になってもらいたいと願う心が、宗教を生み文化を創り上げた。そのために、自分は犠牲にならなければならない。それが文明社会を創った。だから、他者の幸福を築くために自己は犠牲になるのが、人間の正しい本当の命の活かし方なのです。キリストもそう言っているし、釈迦が言っていることもそうです。それを自分の概念だと勘違いしたのが、戦後の日本だということです。

これは、かなり現代を汚染している大きな考え方になってしまっている。今の人はテレビなどで、自己の幸福を当たり前のように言う論調に接しているので、知らず知らず皆、幸福になりたいと思ってしまっている。自分の幸福を思えば、それはエゴイズムだと再認識しなければなりません。自分が幸福になりたいと思ったら、即そのままエゴイズムに陥るのです。幸福はもう一度言いますが、例えば結婚するとしたら、相手の人を幸せにしたい、その人を幸福にしたいと思うのが、真の結婚相手との出会いなのです。良い結婚はそれ以外にはない。自分が幸福になりたいと思ったら、良い結婚ではなくてこれは甘えであり、頼り心です。つまりは他者の自己利用なのです。親孝行も同じです。親孝行も、自分が犠牲になって親のために何が出来るかです。この親に幸福になってもらいたいという気持ちだけが大切なのです。歳をとった両親に、幸福を味わってもらいたいと思うことが親孝行なのです。自分ではない。それで、幸福を他者に与える場合は結果として、必ず自分は犠牲にならなければならない。この自己犠牲が愛の本質なのです。愛というのは、すべて自己犠牲です。

キリストは「友のために自分の命を捨てること、これ以上に大きな愛はない」と言っています。この対象が自分の愛する人であり、親でもいいし、女房子どもでもいいし、国でも何でもいいのです。そう思える人が愛する人だということなのです。自分が愛してもらうのではない。誰かを愛する、何かを愛するのです。国を愛するのでもいい。会社を愛するのでもいい。そして、国を愛するということは、国のために死ぬことなのです。それが当たり前だと思うことなのです。しかし、この当たり前のことが、今は分からなくなってしまった。それは、先ほども少し触れましたが、テレビを中心としたマスコミ芸能文化を通じて、皆自分が幸福になるのが当たり前だということを、どんどん注ぎ込まれてしまったからなのです。皆、「我利我利《がりがり》亡者《もうじゃ》」になってしまった。実際、幸福になりたいと皆思っているでしょう。それでもう、ある程度、仏教的に言う「餓鬼道」に堕《お》ちてしまっているのです。そして餓鬼道に堕ちた人間のことを我利我利亡者という。言葉ぐらいは聞いたことがあると思います。

我利我利亡者の戒め

我利我利亡者が、今は礼賛されています。歳とって、楽をしたい、長生きしたい、美味いものを食いたい、好きなことだけしたいと言っている。これらは全部、我利我利亡者です。自分の存在を慎《つつし》んで、他のために生きるのが人生です。自分のためだったら全員、我利我利亡者です。これは、そう思っていないと駄目です。自分は大丈夫だと思っていたら危ない。人間はそれだけやっぱり弱いですから、このぐらいはいいだろうと思っていると大体、堕ちていきます。私もそうだけれど、他人《ひと》に偉そうなことを言ってますから、自分でも毎日戒めています。一切、美味いものを求めない、さっき言ったように休みもないです。社員や家族も皆見ていますから、休まない、何も望まない、楽はしない、これは自分でやるしかないのです。人生は自分で自分を戒めるのがすべての基本です。それを「修身」と言いました。

私は本当に食べ物も適当で考えたことがない。会社で食べているものと言ったら、ほとんど社員のものを取り上げたりしている。大体、特別に何かを食べたいという欲自体がないです。いい物を食べているときは、お客さんが来ているときぐらいです。大体、腹が減ると社員に「何か持ってないか」と聞いて、何か持っていると皆が持ってきてくれる。その中から欲しいものをもらって食べていることが多い。

なぜ、そうしているかと言うと、それほど人間は弱い動物だからなのです。やはり、まずいものより美味いものの方が皆好きに決まっていますから。そこを自分自身で戒めなければ駄目だということです。だから幸福も同じなのです。それを知ってほしい。でも、こんな簡単な概念が、結構、皆分かっていないのです。そこが今の日本の、最大の問題だと思う。だから、私の著書では「不幸の哲学」を皆に薦めているわけなのです。不幸になろう、不幸になろうと思って現代はちょうど良い程度なのです。私もそうですから。不幸になりたくてなりたくて仕方がないけれど、全くならなかったです。それだけ今は豊かで甘い社会だと言えます。何か良いことばかり与えられて、食べ物は豊富だし、人間も善人ばかりですから、昔ほど嫌な人もいない。会う人は皆、善人ばかりです。善人、善人、善人です。

昔は違って、私が若いときは大変でした。皆によく言いますが、本当に男は特に喧嘩ばかりだった。私は読書家ですが、私が膨大な本を読めたのは、喧嘩が強かったからなのです。今ではもう信じられないと思いますが。喧嘩が弱い男は本も読めない。本など読んでいたら悪いのが皆来て、「この野郎、生意気だ、ちょっとこっちに来い」ということになってしまう。私はドストエフスキーとか三島由紀夫とか、そういうのを小中学生のときから読んでいましたが、近所でも学校でもとても喧嘩が強かったから、誰も何も言えなかっただけだったのです。

本を読むのに、男の場合は喧嘩が強くなければ読めない、そういう社会だった。もう今は違いますが、やはりあの当時にはあの当時なりの尊さがあったのです。現に、そういうことがなくなったら誰も本を読まなくなった。今から思うと、反骨心で読んでいたのかもしれないのです。読め読めと言われて、いつ読んでも良かったら、多分読まないのではないかと思います。特に私は反骨精神が強かったですから、先生から本でいつも殴られていました。先生は、宮沢賢治を読めと言うのです。大体、先生というのはそう言う。だから、宮沢賢治だけは死んでも読まないという決意を、小学校低学年のときに固めましたから、今でも読んでいません。森鷗外、三島由紀夫とか加賀乙彦《かがおとひこ》とか、安部公房も好きだった。あとは西洋文学の大作です。中学校までは、男の先生などは殴るのが当たり前だったので、男の先生たちに呼び出されて袋叩きになったこともあります。生意気だと言われた。しかし、だからこそ余計に読んだというのがあります。思い通りになってたまるかという感じですね。

時代と幸福

つい体験談が長くなってしまいましたが、それは時代の違いから幸福について考えてもらいたいと思ったからなのです。現代が、いかに表面上は恵まれているかということを深く知ってほしいと思うからです。現代を生きるにあたって、私は「不幸の哲学」で本当に不幸になろうと思った。今はそのくらい思わないと自分を制御できない世の中なのです。私は不幸になりたいと標榜《ひょうぼう》して、ずっともう何十年と生きていますけれども、それでもエゴイズムの方に傾いてしまうことがある。時代がそうなので、ついそうなってしまうのです。

松下幸之助が「幸福」を唱えたときの日本というのは、三百万人を超える日本人が死んだと言われる戦争の後です。そして焼け野原で国民はすべて貧しかった。だから、そのときは幸福を唱えても、生きること自体が幸福の根源なので、自分のためだけに生きても、決してエゴイズムに傾くことも無かった。PHP理念についてはそういうことが分からないと駄目だということなのです。

松下幸之助の一番すばらしいところは、何と言っても私はここが好きなのですが、先ほど出た「魔法の思想」です。『テンペスト』の中の台詞にありましたが、真の繁栄の意味を知っているということです。不幸の中に幸福を見出しているのです。これが松下幸之助の特徴で、私は良い人生を送りたい人は全員、そうならなければいけないと思っています。不幸の中の喜び、不幸の中の活路、不幸の中の生き甲斐というものを見出せる人にならないと駄目だと思う。その天才が松下幸之助だと思っているのです。本を読むと分かる。だから、あの松下幸之助の有名な言葉で色々なところに出てきますが、「自分が一番人生で良かったことは、貧乏だったことと、学歴がないことと、病弱だったこと」というものです。

ＰＨＰ理念を唱えた人が、自分についてはそう言っているのです。これが今私の話しているのと同じことなのです。平和も幸福もすべて人に与えるもので、繁栄と平和と幸福を他人に与えようと思う人は、自分は不幸を顧みないということになるのです。その結果、不幸の中に活路と未来を見出していく。ここに松下幸之助の真実がある。ＰＨＰは、「不幸であることが私の一番良かったところだ」と言っている人の唱える「繁栄を通しての平和と幸福」なのだということなのです。それを理解しないと、ＰＨＰ理念の未来は、危機的だと私は思っています。

ＰＨＰ研究所の出版物を見ていると、今の時代をいい時代だと思っているようです。だから松下幸之助が生き返ってきたら、今の時代のＰＨＰ理念について何を言うのかということを、もう少し考えないといけません。私は「貧しさ」がその一つだとさっき言いましたが、「清貧の思想」です。そちらの方が私は今や主流だと思う。あとは「戦う思想」というのか、そういうものも新しいＰＨＰ理念だと思います。

幸福はわれにあらず

さて幸福の思想は、自分が幸福になろうと思っただけで即刻、保身の感情が生まれてくるということを言ってきました。その結果として、エゴイズムに陥る。今の日本人で、割と若い人は、特に保身的だと言われていますが、あれは幸福になりたいからなのです。幸福になりたかったら、必ず人間は保身に走る。そしてそこそこ生きるのが楽な現代社会では、必ず現状維持になってしまうのです。これは本能的なものだと思います。

それに引き替え、不幸になってもいいと思うと、反骨精神も出てくるし、色々なものに挑戦する気概も出てくる。自分が不幸になってもかまわないと思うと、他者を愛することも出来るようになってくる。自分が不幸になってもかまわないと思ってください。そうすると絶対に、友人とか家族とか人を愛するようになります。さっき言った幸福の原理です。自分が自分の生命を犠牲にして、誰に尽くすかというのが人生ですから、その対象に尽くす働きが愛なのです。だから自分が、不幸という言葉は悪いですが、それでかまわないと思えば必ず愛の実践が出来るのです。

だから、愛とは何だろうかなどと考えなくてもいいのです。自分の人生を犠牲にして、誰かに自分の生命とか人生を捧げようと思えば、そこに必ず愛が生まれて来るのです。自分が幸福になりたい人はその逆だということです。今の日本人は幸福志向が強いので、知らないうちに我利我利亡者になっているということなのです。

ただ今は、我利我利亡者であることが自慢になっていますから気をつけなければなりません。我利我利亡者がテレビなどでは一番人気があります。自分がいかに凄い我利我利亡者かということを自慢して、出て来ていばっていますからとんでもない話です。あそこの美味い店を知っている、これをやると楽で得をする、こうでああでと、こんなことは全部、我利我利亡者です。私の祖父母の世代のいわゆる昔の人なら口に出せないです。思う人はいたかもしれませんが、でもそういうことは、恥ずかしくて、自分が楽をしたいとか美味しいものを食べたいなどとは、言えないです。それは根本的に卑しいことだからです。

私が育った時代でも、まだ親からそう言われました。私が小さい頃は、出て来たご飯が美味いとかまずいとか言っただけで親父から怒られました。食べ物のことなんかはしゃべったら駄目だ、黙って食べろと言われた。そもそも食べ物は見るなと言われました。食べ物の方に目がいっただけで卑しいと言われたのです。「何だ、その物欲しげな目は」と言われた。中流の普通の家庭は本当にそうだったのです。

だから今は、テレビを通じて、昔の低層階級の常識が主流になったと思ってください。うちは先ほども言ったように、普通の中流以上の家庭でしたから、そういう躾でした。食べ物のことなど話題にしても怒られた。例えば、美味しそうなものがくると、子どもたちは「ワーッ」と見ると思いますが、あれだって怒られたものです。「何なんだ、その物欲しげな態度は」と言われてしまう。私は今六十八歳ですが、六十八歳の人間が、子どもの頃はそうだったのです。それを、今の日本人は忘れています。変な言い方ですが、今の人は自分の過去を忘れてしまっている。多分、それが流行に生きる消費社会の人たちということなのだと思います。要は、考えもなく流されている。

私はず抜けた読書家だったので、本の中で過去の偉大な人の精神としか対話していませんから、それが見える。だから覚えているのだと思う。私は、現代人とはほとんどつき合っていません。新聞も読まないし、テレビもほとんど観ないし、人ともつき合わない。だから見えるのです。もう読書をして、自分の好きな人の魂との交流だけが私の人生です。小学生のときからそうです。だからすべてを覚えている。こういうところで人と話すというのは、珍しいことなのです。

崇高と無頼

だから、松下幸之助の言う平和や幸福というのは、それが唱えられたときには、「祈り」だったということに気がつかなければ駄目なのです。そして、自分が幸福を目指してはならないということです。それでは、自分が目指すものは何かということになります。それが崇高なのです。松下幸之助もそれを目指しました。人間は、崇高を目指さなければ駄目です。このことが『「憧れ」の思想』に書いてある。それと、松下幸之助は当然、『「憧れ」の思想』は読んでいないですが、あの人は生まれながらに目指しています。崇高の定義は先ほども言った、あのエドマンド・バークの言葉です。「それは堅固で量感を持ち、人間に畏《おそ》れを抱かしめるものであり……ごつごつして荒々しく直線的で暗く陰鬱である」です。

だから目指すものは、今流の幸福とかほんわかしたものではなく、畏れるものなのです。これからの新しいＰＨＰ理念が何を目指すかということです。松下幸之助が生まれ変わって来たとして、これから今この時代に唱えるＰＨＰ理念とは何かです。要するに、「繁栄を通しての平和と幸福」を実現していくにはどうするか。それがさっきから言っている「崇高なるものとは何か」を考え続けることなのです。なぜなら、それが幸之助の根源的思考だからです。「崇高なるもの」を目指す。それが今の時代においては、「何か」を見つけ出さなければならないのです。私は、野性への回帰、つまり「野蛮性と不良性」を獲得しなければならないと考えています。今は時代が「柔」ですから、「剛」なるものを自分が獲得しなければなりません。

私の本を読んで、信じてもらえると、野蛮性と不良性はついてきます。この二つは、また「無頼《ぶらい》の精神」とも言われているものです。つまり、革命です。無頼の精神は、武士道精神の中で一番重要なものだと思っているので、私はいつでも本に書いているのです。ただ、信じなければ駄目です。ああ、これは執行草舟という男が言っているのだと思って読んでは駄目です。同じ人間の一人が、小学生のときからそれを信じて生きて来た人間が、すべてを懸けて言っていると思って読んでもらえたなら、無頼の精神は身につきます。ついでに言いますが、私はもともとが不良なので、不良性は私のことを好きになってくれると身につきます。今まで私に好感を持ってくれた人は内部には皆、不良性がありました。もともと、不良性がないと私に好感は持ちません。私は子どものときから、もう非常に不良性が強いですから。

それから精神と肉体、豊かさと貧しさ、それぞれの均衡を保っていくことが大切です。この均衡が、「物心一如」ということなのです。この仏教思想を松下幸之助はことのほか重要視して生きていました。豊かさと貧しさの均衡です。先ほどから何度も言っているのですが、今は豊かさに傾いてその方向に一辺倒になっているのです。幸之助の時代は逆に貧しさ一辺倒だったということです。時代的に、今は貧しさの方に傾かないと均衡が保てない。だから不幸になりたいと思ってちょうどいい。それで中間なのです。もう皆が幸福思考ですから、今の時代は不幸になろうとしないと、幸福思想も中間点に戻れないということです。

衆知と時限立法

それで、松下幸之助を先ほど革命家と言いましたが、それを分かりにくくしているものとして、幸之助が「衆知」という言葉を使っていることがあるのです。皆の意見を聞いて、その中から行動するという衆知です。あの大衆の「衆」に知識の「知」ですね。これがどういう意味かというと、衆知とは悪く言えば「いい加減」ということなのです。皆の意見などというところに、何かいい加減さを多くの人が感じてしまいます。しかし、本当の衆知は違うのです。衆知がいい加減に聞こえる理由は、衆知がいつでも「時限立法」だからなのです。法律用語を使うと、衆知の思想は時限立法なのです。そのとき、その時代に必要な価値観ということです。

それが衆知なのです。だから、時限立法です。

難しいのは、松下幸之助の掲げたことと話したことの全部が衆知の思想に基づいていて、それらはすべて時限立法であることが分からないと、「松下思想」が捉えられないことなのです。捉えられないことによって、その人の心が分からなくなっているのです。大成功者の多くは、時限立法の思想だということです。だから松下幸之助のような大成功者の心は、「解答」を望んでいる良い子とか普通の人には分からないのです。それで時限立法ということは、それとは違う部分が周りに隠れているわけです。今、このとき、この日に必要だから言っただけなのです。もちろん、深い思想に裏打ちはされているのですが、だからこそその深い部分を見なくては何も本当には分からない。

ＰＨＰ理念も昭和二十年代に唱えたことによって、時限立法性をより強く体現することになったのです。何度も言うように、当時の日本は終戦後で、焼け野原であり食糧もろくに無かったのですから。あの状況が本当の意味で真実だと思ったら、間違えます。私は今のＰＨＰ理念の扱い方を見ていると、何かどこかでそれを絶対的真実だと思っているように見えるのです。あの時代の幸福とは何かをもう忘れている。平和についてもそうです。繁栄に対する憧れもその時代のものを忘れている。あのとき、焼け野原の日本で繁栄を夢見た人たちの繁栄、つまり「魔法」が何だったのかということを考えなければいけません。

それに松下思想の中心に「衆知」というものがあるので、それが幸之助の思想を分かりにくくしているのです。衆知がＰＨＰ理念の中核でもあるわけです。そして、その衆知が一番大切な松下幸之助の心臓部なので、把握するのが大変なのです。私はもともと松下思想と考え方が似ているので、その思想が分かりやすい。私は時限立法的な魔法が本当によく見える考え方をもともと持っている。お金に全く興味がなく、成功にも全く興味はない。偉くなりたくもない。出世欲もゼロなのです。大学を出た時点で、欲しいものがこの世に一つもなかった。もう何もない。だから何をもらっても嬉しくもない。よく言えば欲がない。私は死ぬまで過去の「偉大な精神」と対面さえしていれば、それだけで満足です。要は、そういう人間だから松下幸之助の心が分かるのだと思う。多分、心底が似ているのだと思います。

だから松下幸之助という人は欲がない人だと思う。ああいう大成功者なので、欲がないと言ってもあまり信憑性《しんぴょうせい》がないのですが、私は絶対にないと思います。その辺が知り合いとか、色々な身近な人からすれば不気味に見えるところなのだと思うのです。私も欲がないから、周りからは不気味がられています。親も私のことが不気味だったみたいです。欲がないと好かれるかと思うと大間違いで、大体は怖がられます。ただ欲がないので、「衆知」ということの本質が自分では非常に分かる。松下幸之助の言いたいことが、骨髄に響いてくるのです。それで衆知の一番良いところは、最初の話に戻るのですが、大衆性があることなのです。大衆性が深い理想に支えられているのです。そういうものは非常に少ない。それがPHP理念ということです。理想がなかったら、大衆性はすぐに下世話なものになってしまうのです。つまり、下衆《げす》になってしまう。ところが理想に支えられていると、それが偉大な輝くような「衆知」になってくると私は思うのです。この理想に支えられて生きる生き方によって、時限立法を生んでいくのが衆知の理想ということです。

だから本当にすばらしい人生を送った人の生涯は、基本的には時代を共にしていない人には分からないのです。どちらかというとかえって悪人にも見える。すべて時限立法をやっているのですから。松下幸之助が生きた時代に今の我々はいませんから、今度は「逆の誤解」もあるわけなのです。つまり、松下幸之助はＰＨＰ理念を唱えていたから、ただの良い人なのではないかと。これも反対なのです。良い人はＰＨＰ理念などは唱えられません。私はそう思っている。自分の中にやはり不良性とか悪魔性があるので、ＰＨＰ理念を「憧れ」として唱えられるのです。「憧れ」だから価値がある。しかし憧れとして唱えるには、自分自身は悪くないと唱えられないのです。善人は何も出来ない。善行をこの世で施すのは悪人なのです。

これは本当です。だから昔、力のある人のことを「悪党」と言ったではないですか。楠木正成とか、悪源太何々とか、昔は力のある人、力があって人徳があり本当に何かが出来る人、そういう人間を皆が「悪党」と言ったのです。悪党というのは、権力の言う通りにはならない、独立自尊で自分の力で地方に割拠している武士などをそう言いました。楠木正成が一番いい例なのです。それで悪党は、要するに強くて、自分の力で生きている人です。その人たちが初めて城を造り、田畑を耕し、そういう現実の力もあったわけです。

松下幸之助も、私はそういう人だと思うのです。この野蛮性、特に不良性が強く無頼の人だから、その時代のＰＨＰ理念が唱えられたのだと思っています。善人は唱えられないです。なぜなら自分が幸福になりたいのですから。松下幸之助の偉大なところは、他人をそうしようと思ったところです。だから正しく美しいわけです。でも他人を幸福に出来る人、社会に平和をもたらすことの出来る人、社会を繁栄に導くことが出来る人というのは、自分自身は悪人に決まっているのです。または悪の部分を自分が引き受ける人です。つまり悪党です。それだけ内部に重層構造があり、嘘があり、力があり、痩せ我慢があり、そういう秘められたものがなければ出来ません。

今の日本社会は、しばらくの間は、本当の意味でこれから良い方向にもっていこうと思う人は出ないと思います。なぜなら、真の悪党が上層にいませんから。だからこれから大変な時代を我々は生きなければならない。今は政治家もすべて良い人です。これはもう選挙制度がある限り、良い人でなければ当選しない。特に人気を気にする芸能人的な善人ということです。だから、今の政治家は、もうすべて「芸能人」です。皆さんも感じていると思いますが、今の政治家はすべて人気投票で選ばれた芸能人です。だから本当の政治が出来るわけがない。

これからの時代は、一人ひとりが自分の人生を自分の力で、自立して生きなければ生きられない時代に、あと三十年とか五十年の内にはなっていくと思っています。私は割と自由人で、武士道が好きで、先ほど言ったような悪党的な生き方をしていますから、そういう時代の方がある意味で好きです。自分の好きに生きられますから。私は好きに生きていますが、真面目な人は本当に生きにくい世の中になっていきます。だから、覚悟を決めて独立自尊の生き方をどうか切り拓いてください。この辺で私の話は一旦終わりにさせていただきたいと思います。ありがとうございました。

講演後の質疑応答

「清貧」は動いている

執行　何でもいいですよ。気軽にどんどん質問してください。

――ご講演ありがとうございました。では、よろしくお願いします。昭和二十一年当時の「繁栄」を考えるときに、物質的な豊かさを一方的に与えることが繁栄だったとお話しされていました。しかし、その当時でも、その物質的な豊かさを与えることが、人間を駄目にするという考え方も一般にあり、反対もされていたとも言われ、特に家電製品ですね。その家電製品のような物質的な豊かさは反対する人も多くいたとも聞いています。そうならば、当時からPHP理念として掲げるべきだったものは物質的な豊かさだけではなくて、清貧から一度物質的にも豊かなところにいってまた清貧を目指すのではなくて、当時から一貫して清貧を目指し続けるということをなぜしなかったのかと思いますが……。

執行　なるほど、そう思うのはもっともなことだと思います。これはやっぱり一般論で言われている、理屈が通らないほどの衝撃的な戦争体験ですね。今の若い世代はもう分からないと思いますが、日本人の物質の不足と戦争に対するアレルギーというのは凄くて、「清貧」のような精神論はすべて軍国主義として否定されていた。社会の指導者層の中で特にそうです。私の話した例は、庶民の生活面が多いと思います。そして、そういう時代が昭和四十年近くまで続いていた。例えば私の場合は、戦前の本を多く読んでいるというだけで、また、日本の伝統を話したり、日本の立場はこうだとか少しでも愛国的なことを言ったりしたら、先生からすぐに殴られた。それで殴られたときに必ず言われる言葉は、「お前のような野郎が戦争を起こすんだ。この軍国主義者が」と、親孝行の話をしただけでも殴られたのです。日本の「精神」はすべて悪いということだった。これが本当の話なんだからびっくりしてしまいます。

だから、松下幸之助がＰＨＰ理念を唱えたときにはもう物質だけしかなかったのです。それ以外の精神的なことは禁句だった。またその内容に対する精神教育は出来ない状況だった。これは松下幸之助以外でも全員そうで、今でも残っていると思いますが、日本人の戦争アレルギーですね。それだけならまだいいけれど、日本のものが全部悪いというのか、極端になると漢字が悪い、日本語も悪い、米のご飯も悪いと「一流」の学者たちも堂々と言っていた。私が中学生まで、「米を食うと馬鹿になる」と真面目に言われていたのです。そのくらい戦争の反動アレルギーに冒されていた。

そういう時代に、物質的繁栄を松下幸之助が唱えた。もちろん物質的繁栄に絞り込むのは片手落ちだとも言えるけれど、あの当時の日本はそうでなければ生きられなかった。本質は隠れたところにあると思わなければ駄目なんだ。ただ、その物質的豊かさでさえ、本当は反対がものすごく多かった。本質的には旧《ふる》い日本の「家制度」の価値観と「便利さ」が対立していたんですよ。その他に人間だから僻《ひが》み根性というものもある。皆が貧しいときって、まず誰かが豊かになっていくわけだから、なれない多くの人が僻むということなんだ。そういう複合的な戦いだったということです。もう信じられないほどです。

昔と言っても私が中学生まではそうだった。私は昭和二十五年、つまり一九五〇年生まれなので、大体、中学生というと一九六二〜六四年で、日本はまだ高度経済成長の初期で、物がない、何にもない。何か一つやっただけで、もう近所の人全部の僻みを買う。そういう時代だったのです。

だから電化製品が皆に迎え入れられたっていうのは、結果論から見た見方なんだ。実は電気洗濯機一台買うのも、テレビ一台買うのも、家庭の中では離婚騒ぎ、嫁姑の大変な争いがあったってことだ。おまけに近所との軋轢《あつれき》です。うちの近所中もそうだったし、私の家もそうだった。電気剃刀《かみそり》一個買うだけだって貶《けな》された。そんなもので剃《そ》ってりゃもう男じゃなくなるとかね。それに「この怠け者が！」とくる。そういう時代に、電気剃刀を売り、ラジオを売り、洗濯機を売っていた。それが分かっていないと駄目だということです。戦後の発展といっても、日本人には反動思想以外は何も分かっていなかった。日本人の繁栄に対する考え方を変えなければならなかったんだ。まず物の豊かさを繁栄と思うようにです。そのための「魔法」の一つがＰＨＰ理念だと言ってもいいのではないでしょうか。

――物質的豊かさを経なければ、本当の日本人の未来にある幸福には向かえない、通過しなければいけなかったということですね。

執行　そう、本当の豊かさを幸之助は知っていたが、まずは物質の豊かさに特化したということなのです。昭和二十年代は、まず物質がなければ幸福を考える根底がないという時代だった。その時代は食べるものがないわけだから。食べ物もない、何にもない。国の言う通りに配給だけ食べていたら、裁判官や検察官が餓死した時代です。確か、山口良忠《よしただ》とか言ったかな。国の言うことを聞いていた人は、皆、病気になって死んだか、餓死した。生き残った人間は全員、闇米を食った人なんだ。私も今偉そうにこうやっているのは、親が闇米を買い、闇の牛乳などを買ってくれたからなんです。だから私と兄は生きられたということですよ、戦後の東京でね。まあ田舎の方はまだ食べ物は少しあったけれど、大都会なんかは闇米を買っていなかった人は一人も生き残れない。昭和二十年代はそうだということ。

――それは一回、豊かさを実現できる状況にした上で、その中で清貧に向かうことが、本当の人間の次の幸せだということでしょうか。

執行　そう思います。幸福というのは、さっき少し言ったけれども、もともと、思想として、概念の形はないんだ。だから、豊かになったら次は貧しくならないと幸福はない。貧しくなってきたら、また豊かに向かわないと幸福はない。だから幸福という状態はいつでも動いていて形はないということです。幸福という状態があると思っているから、今の日本人が皆、傲慢で怠惰になってしまった。

これからの「貧しさ」

執行　もし今、松下幸之助が生き返ってきたら、貧しさに向かうと私は言いました。貧しさに向かうという言葉はおかしいけれど、貧しさを味わう文化を築き上げる企業をつくるだろうということです。どういうことか例で言うと、小規模な形でやっている人はいますが、例えば「手作り文化」です。あとは今で言うと、「体験文化」とか。現に外国人なんかを見てると、皆、体験コースって今言ってるじゃない。もう形になってきているよ。それから、「寄り添い文化」というのも考えている。例えば、今儲かっている仕事は、馬鹿みたいにつきっきりの家庭教師とか、痩せるのにもなんだか知らないけれどコーチが専属でつきっきりで、変なテレビ広告もあるらしいですね。

私なんかは痩せたいなら食べなければ良いだろうと思うけれど（笑）。今は違う。そんなことを言う人は古い人間なんだ。今は、痩せるのに専属コーチがついて、また家庭教師はマンツーマンだ。これが文化になって商売になる。いま松下幸之助が生き返ってきたら、これでもってまた大会社をつくると思います。私にはそんな能力はない。でも松下幸之助にはある。だから手作り文化とか、それから体験文化、それから寄り添い文化、こうすぐに思い浮かぶようなものが、つまりは貧しさを味わう文化ということです。これらは全部貧しさから来ている。

だから、少し歳を取っている人は覚えていると思うけど、高度経済成長のときは今言った三つは徹底的に否定されていたよ。手作りなんてもう最低の田舎者だって言われたね。手作りの物など持っていたら、「この田舎者!」と言われていた。体験なんてもう幼稚で、あと寄り添いなんて問題外だね。気持ちが悪いと言って殴られたでしょう。

でもそれが今、私が知っている情報としては、成功している人なんだよ。色んな会社のお客さんの人生相談とかもたくさん受けているんだけれど、うちのお客さんでも成功してきた人は、大体、今言ったこの三つで成功している。例えば介護なんかがそうじゃない。あれは寄り添い文化だよ。あんなの昔なんか、老人なんて放っておきゃ良かった。私が子どもの頃は、近所で動けなくなった人は皆廊下で一日中日向《ひなた》ぼっこして寝てただけなんだから。でも今はそんなことしたら虐待になっちゃう。これは時代が変わったということです。

松下幸之助という人は、物質を豊かにするところにまず邁進《まいしん》して、豊かになって来たら、次には今言った貧しさ文化に移って行くのです。だからこれからは、松下幸之助のああいう時代的な表面だけをまねした人は全員失敗者になる。これからは松下幸之助の反対をやるといいです。物をなるべく使わないで、今言った体験、寄り添い、手作りです。こっちの起業化を考える人が、現に成功してきている。知り合いも全部そうで、うちの会社も割と小規模ではあるけれど成功している。こう見えてもある程度は成功しているんだよ。私は「ちびっこ成功者」と呼ばれてるんだからね(笑)。

戦後的な大成功者ではないです。ちびっこ成功者だ。考えてみたら、うちの会社もそういう手作り文化を推進しています。発酵食品とか菌食とか、それに営業はすべて寄り添い文化なのです。卸店での間接販売もしないで、全部お客様直接で、必要な分だけ手作りで作るという菌酵素の食品をやっている。全く成功する気もない、宣伝もしない、やる気もないですが。しかし、ちゃんと少しは成功している。やはり時代に合っているのです、偶然ですが（笑）。

――執行先生は事業を始めたとき、経営に松下幸之助のように興味があったのでしょうか。

執行　私は経営者としてはやる気ないいんだよ、本当に。いわゆる経営にも全く興味がない。「経営しない経営」と言っているくらいです。でも、ずうっと儲かり続けている。三十五年前に、赤ん坊を背負ってゼロから始めたんだ。娘が生まれて三カ月後に女房が死んで、まだ娘が八カ月くらいのときに独立した。ミルクをあげながら、文無しで一人で始めた事業なんですよ。それで今本社ビルを千代田区麹町に持って、工場もすべて自前で、かつ無借金経営だからね、凄いでしょう（笑）。左うちわだよ。これ全部考えてみたら、菌食や絶対負の私の思想が時代に合っていたのだと思う。そんなつもりはなかったけれども。食糧革命としてやりだしたんだけれど、結果として「手作り革命」「寄り添い革命」に参画しているということになった。うちのお客さんも介護施設をつくったり、手作りの教室を開いて、それが大きくなってチェーン店になったり、全部皆これです。ただ、松下幸之助ほど頭のいい人はいないので、あれだけの大企業にはならないというだけです。でも、ある程度成功している。

私が人生の相談を受けている人は、皆そうです。そういう時代にもうなっているってことですね。だからやっぱり貧しさに向かっているんだと思うんだ。手作りなんて貧しいということだ。でも今は手作りを貧しいとは思わないでしょう、若い人は。そういう時代になった。手作りなんて昔は貧乏人がやることだった。高度経済成長期なんて手作りは隠れていた。貧乏人だと思われるから、でも今や自慢ですからね。

そのくらい時代というのは変わっていく。だからＰＨＰ理念、「繁栄・平和・幸福」も、もしかしたら松下幸之助なら、今やったら本当に全部逆かもしれない。今儲かっている企業の経営者が現に、「不幸の哲学」を標榜しているんだからね。この期《ご》に及んで、幸福だとかなんとか言っている人は、皆潰れている。現在形の幸福なんてのはエゴイズムだし、皆飽き飽きしている時代ですよ。

高貴と野蛮の均衡

――貧しさに向かうというところと、新しいＰＨＰ理念が何を目指すかというところの、均衡が本当に難しいなと思いました。お話の中で、高貴性と野蛮性の話があったときに、やっぱりどちらかに分かれてしまうというか、行き過ぎてしまうというか。高貴だったら高貴、野蛮だったら野蛮、戦争するか戦争しないか、宗教と科学とか、今の時代は分かれてしまうというのは、本当にその通りだと思います。このように行き過ぎてしまうのは、日本人がもともと持っている弱点なのか、それとも戦争の敗戦アレルギーから来ているのか、それとも人間がそもそも持っているものなのか。どういうところから、行き過ぎてしまうのでしょうか。

執行　これは根本的なことをまず答えておくと、本当の意味で均衡を取ろうと思っていない、真剣に思っていないということです。人類全体が欲の制御力が非常に弱いということです。真剣に思えば必ず均衡は取れます。多分、得しようと思っているとどちらかに偏ってしまうんだと思う。合理性という考え方がそうさせるんじゃないかな。損得でものを考えると、片一方に突っ走った方が当面得するような感じがあるんですよ。歴史を見てもよく分かります。

例えば、一番分かりやすい例で言うと、明治維新が挙げられます。私の好きな西郷隆盛は、日本の武士道を残したまま西洋化しようとした。大変でもその道を歩もうとした。しかし、合理主義者の大久保利通《としみち》は、武士道も日本の良さも捨てて、いっぺんに全部西洋化しようとした。その方が手っ取り早いですからね。あの時代、森有礼《ありのり》などは国語も英語にして、漢字もやめてということを真面目に考えていたんだ。明治の初期のことです。じゃあ大久保利通がどうしてそこまでやったかと言うと、帝国主義の時代だから、大久保利通の正義は、日本人の良さなんか全部捨てて、早く西洋化しないと植民地になってしまうという切迫感だった。それが、大久保利通が勝った理由です。

しかし西郷隆盛は、日本人の良さ、武士道精神を残したまま、ちょっと遅れるけれどもそれでやっていこうじゃないかと言って、二人は対立したわけです。一番深い深層心理は表面的な征韓論なんかではなくて、そこの対立ですよ。だから、武士道を残したい人は西郷派についた。もう日本を捨てようという、その人たちにも正義はある。あの時代は皆、帝国主義だから、一回でも戦争に負けたら西洋の植民地にされてしまう。アジアで独立国はタイと日本しかなかった時代だからね。合理派にも一理あるんだけれど、でも大久保利通の性急な西洋化は、やっぱり損得なんだよ。文献には残っていないけれども、別に西洋人に戦争で負けても、占領されてもいいじゃないかという考え方が西郷隆盛にはあったと思う。そんなもので心は支配されないと思っていたに違いない。戦争なんかで負けたって、日本人の精神を受け継ぐ方が大切だと思っていたのでしょう。西郷隆盛はそのくらいの気概を持っている。どんなに貧しかろうが、西洋の植民地になろうが、日本民族の精神を大切にしなければならないということです。そう考えたのが西郷だ。そこのところで弱さを持っていたのが、大久保利通だと思うのですが、その弱さの根源には欲が深いということがあったと思う。

だからやっぱり、急《せ》いた人というのは欲に負けたということだね。どっちかに偏ってしまうというのは、人類史では多いけれども、絶えずどちらかの欲で突っ走るというか。だから、そこをぐっとこらえて混ぜ合わせ、均衡を取っていかなければ駄目だということですよ。「物心一如」だって、その均衡だけに価値があるんだからね。「物心一如」は、松下幸之助がたくさん使っている言葉で、仏教の用語だけれど凄く深い言葉なんだ。禅の極致でもある。でも禅の極致になっているということは、それだけ誰にとっても、なかなか出来ないってことだから、要は。本当に均衡を取ってそれを保つのは難しいことなんだよ。

ただ一つ言っておきたいのは、さっきも話しましたが、実は人間が現世で実際に到達できる絶対的価値というのは何もないということなのです。現世というのは、人間は挑戦することだけに価値がある。その挑戦する生命にね。そして、それが私は正しいと思っている。私は価値ある人の人生は、すべて未完だと言っている。未完で終わろうとしない人が、大体において嘘つきで、せこくて、狡《ずる》い奴だということになる。それが損得だけの人間ということです。もちろん、私は未完で良いと思っている。だから、自分を小さな人間だとは思っていない。当然、未完であるものに挑戦していこうと思っているからね。でも、そう思ってちょうど何かやるための均衡が取れるのじゃないかな。

うちの会社は、経営の面では均衡を取っているよ。例えば、余剰在庫は一個もない。製品はちょうど売れる分しかない。在庫というのを持ったことがないんだよ。ちょうど売れる分を作って売るという感じなんだ。なんでそんな芸当が出来るかというと、大儲けしようと思っていないからです。だから、自然増の分が絶えず足りなくなる程度、その程度で満足していると言うとおかしいけれど、経営的には食えればいいと思っているわけだ。うちの会社はずっと発展しているんだけど、食える程度でいいと思っていたら発展してきている、という感じです。だから均衡は取っていると思う。在庫も過剰がない、利益率もすごく高くて、いつも安定しているし、どんどん伸びている。

――そういう経営哲学が松下幸之助の言う「物心一如」の一つの姿でしょうか？

執行　そう思う。うちの会社の経営形態は、「物心一如」に近い例だと思う。物心一如を完全にやっているとまでは言わないけれど、物心一如にある程度近い経営です。一番の要因は、発展しようと思っていない。欲が少ない、大儲けしようとしていない。これはきれい事じゃなくて、うちは本当に三十五年に亘《わた》ってそうやって来たのです。全精力を製品製造の開発と、菌食を取り入れているお客さんの人生の向上に懸けているというのでしょうか。それは私が商売のすべてに「体当たり」してきたからとも言えます。だから全く儲ける気はないのに、なんで儲かっているのかが最初は分からなかった。簡単に言うと、売れたからなんだけどね。最初からお陰様でファンの方がたくさんいて、売れている。自分の思想に基づいて経営しているだけなのでよく分からないのですが。最初から食う気なんて全くなかった。格好つけているんじゃない。お客さんにも、「絶対負」の思想と菌食だけを語って、私の思想に合わない人が去っても気にしなかった。

でも好き勝手に始めたのに、最初からなぜか儲かっているのです。不思議ですが、確かに私は食わない気で、会社は小なりといえども、日本民族のために菌食文化を広めなきゃならない、という固い意志でつくったんだけれど、最初から誰とも妥協しないし、他社にも誰にも頼らないでやって来た。儲けたい気もないし、お金もなかったけれども、いつでも独立自尊でやって来た。食う気がないんだから強いよ、冗談抜きで。だから本当に食えなくて失敗すれば、子どもを抱えて心中するしかないと思っていた。その覚悟で始めた。赤ちゃんを背負ってね。でも最初から儲かってしまったので、全く格好つかなかったんだけれど、全く三十五年間ずうっと儲かりっぱなしです。一回も儲けが減ったことがない。それで思想も貫徹している。やはり「物心一如」に近いと思う。

幸福は必要ない

――執行先生は、今で言う「繁栄・平和・幸福」を本当に一ミリも思っていないのでしょうか。また、松下幸之助が今生き返ったら現状の世の中をどう見るでしょうか。

執行　私は全くない。ゼロだよ。繁栄願望もゼロ、平和思想もゼロ、幸福思想もゼロ。私は貧しい方が好きだ。一生に亘って一人の思想家で生き、そして死にたいし、死ぬまで休む気も全くない。どうせ死ねば永遠の休みが待っているんですから。私自身はＰＨＰ理念の反対です。だからＰＨＰ理念が科学的に冷静に分かるのだと思います。これからの時代には、私の方が、かえって合っているのかもしれない。ただ、松下幸之助も多分、生きていたら私と近いと思います。私はそう思っている。私ももっと歳が上で、事業家として戦中戦後を通ったら、食べ物もない時代には、物質をまずやったと思います。昭和二十年代に、精神論なんか言っている奴は馬鹿でしかない。社会の害虫みたいなものだったと思う。昭和二十年代に、本当に将来の日本を築こうとした人は、皆、物質です。私が勤めていた会社は三崎船舶工業㈱という造船所で、二十代の頃そこで造船の営業をしていました。私は平井顕《あきら》という社長を死ぬほど尊敬していたのです。海軍にいた造船技師で、海軍の軍艦を造っていた人です。終戦で帰って来てから、自分で三崎（神奈川県）で造船所を始められて、そこに私は勤めていた。

戦後の日本で、平井社長もまず船を造ろうとした。終戦を迎えて日本には船が一隻もない。何もかも全部戦争で沈んでしまったから、まず船を造る。皆、心ある人は同じ思想でした。多分、平井顕も生きて、今若者としてこの時代にいたら、ものづくりだと言って、手作りに行ったと思う。または寄り添いとか、間違いなくそちらに行ったと思います。そっちの方が今必要なのです。要は必要なことをやるということだ。
だから、ＰＨＰの今の「繁栄・平和・幸福」もはっきり言わせてもらうと、もう平和思想なんて要らないのです。幸福も、もう今の若者を見ていると必要ない。今の若者には不幸を教えた方がいい。不幸を教えると真の幸福になれる。私の知り合いなんか、皆そういうことで色々やっているのですが、不幸にさせるとやっぱり皆生き甲斐が出てきている人が多い。不幸になる材料を私が与えているんだ。今は、親や先生や上司が与えないから仕方ありません。なんで与えないかというと、自分が好かれたいからです。だから、自分が好かれたいというのも幸福思想なのです。私は嫌われることは何とも思っていないので、何でも言えるし、何でも書ける。それは不幸でいいからです。

――松下幸之助の『ＰＨＰのことば』という本の序文に、昭和五十年ぐらいの出版のものですが、戦後の焼け野原よりも、繁栄した今の日本の方が実は大変なのではないかということが書かれているのですが、それは執行先生が仰っていたことと同じですよね。

執行　それが今まで話していることです。その本は読んだことがないけれど、昭和五十年なら、オイルショックが終わって、戦後日本の高度経済成長が一段落したところでしょう。高度経済成長からの転換点だったと思います。松下幸之助は天才だから、もう気づいているんですよ、要は。だから今もし生きていれば、貧しさに向かったと私は思っています。それがこれからのＰＨＰ理念だということが分からないと駄目です。もしかしたら幸之助は憂国の思想で、かつ愛国者でもあるので、憲法第九条をやめて軍備を持つとか、そちらの方に行っていたかもしれない。現在、松下幸之助がどうするかはおいておくとしても、言葉としては戦後の日本の発展が失敗したということでしょう。松下幸之助が昭和五十年あたりから書いたものを読むと、日本国の生き方が全部失敗したと、あの人も思っている。自分自身、つまり幸之助自身も含めて、「松下政経塾」を創立したのも全部そういうことだと私は思っている。

――戦後の日本は全く成功していないと思われていたのでしょうか。

執行　幸之助は、日本の戦後は失敗したと思っていたと私は思います。そして、あの人は自分を成功者だなどと思ってはいなかった。失意と無念のうちに亡くなったに違いない。どういう亡くなり方をしたか聞いていないし、知らないけれど、多分、無念のうちに亡くなったと思う。それは自分が夢をかけたものが、はた目から見れば成功はしているんだけれども、自分の魂から見るとうまくいっていない。皆がパナソニックの成功を成功だと思っているだけで、松下幸之助はそう思っていなかったのです。

あれはまだ本当の魔法にはなっていないからね。まだ物質主義の成功の段階なんだ。松下幸之助から見ると、つまらない成功なんです。幸之助が夢見た成功は、魔法の成功だったわけだ。その魔法とは何かというのは、講演で言ったプロスペロの言葉『テンペスト』の推移の中に、本質論が表われている。本当に昭和五十年ぐらいから急に幸之助の苦悩が増えていったと思います。

馬鹿息子の日本

――松下幸之助のような戦後人の夢の思いを受けて、これからの日本でやるべきことをやっていくことが、我々に求められている。日本人全体がPHP理念に触れることによって幸之助の思いを知り、それを通して、これからの日本が進んでいく道をしっかりと考えなければならないと思います。今、執行先生が話されたことを聞いて、松下幸之助が憂えた点はそこにあるということに気づきました。

執行　そう、昭和五十年あたりを境目にして、日本人は自分たちを「大したもの」だと思い出して、何にも考えない民族になった。今やもうゼロだよ。悪いけれど今の日本人の思考の程度は幼児に近い。これは嘘じゃない。日本人は教育水準も高くて、頭も良くて、働き者でなんて思っているのは、思い込みもいいところで、今の日本人は、世界でもかなり珍しいほど、怠惰で傲慢で無知な民族になり果てています。ただ、我々の先祖が働き者で、高度経済成長までに世界に大変な貿易網と商圏を張り巡らせ、その貿易網で世界中のドルが吸いあがってくることによって金だけはあるので、いい気になっているんですよ。

要は、卑近な例で言えば、親の遺産で食っている馬鹿息子と言ってもいいです。間違いなくその状態なのです。あとはそこからどう脱するかだ。そして今の日本人の知的水準の低下は、もう想像を絶するものがあります。不幸があった人のことを例にするのは気が引けるんだけれども、東日本大震災や西日本の豪雨、もちろん災害には同情するし、気の毒だと思う。でも、それによって驚いたことがあります。大震災でも豪雨でも膨大な瓦礫《がれき》の山が生まれ、それが写真や画面に映っていたし、また実際に瓦礫の山も見たことがあるんだけれども、どこの被災地でも一冊も本の残骸がないことに驚愕したのですよ。昔の感覚で東北が貧しいからそうなのかな、と思っていたら、西日本も全部そうだった。今世界中を色々と見ていて、居間に本を置いていない国は日本以外ないです。

この間、アフリカのザンビアについて報道でやっていたんだけれど、ザンビアのような文字を読める人が少ない国でも、お茶の間の一角に本が置いてあった家が多かった。もちろん欧米人の家なんか、どこでも置いてある。読まなくても置いてある。ここが重要なんです。本を読めとは言いませんが、本を全く置いていないというのは、馬鹿の証明だったのです、以前は。それを平気で「はい、私たちは馬鹿でございます」なんていう家庭を作っているのが、今の日本人だということなのです。それを私は言っています。西洋人の場合は読まなくても格好づけで、本棚ぐらい居間にある。それを私は「痩せ我慢の哲学」と言っているけれど、そういう背伸びがあって初めて人間性の維持と向上がもたらされると思っている。人間なんて馬鹿をそのまま許容して、開き直っているのでは、いつまでたっても成長しないに決まっている。だから今の日本人は多分、それを言ったら「おお、馬鹿で何が悪い」となるに決まっている。残念ながらそういう国民になってしまった。

そもそも馬鹿なんて駄目に決まっているんですよ。そういう思いが、もうなくなっているとしか思えない。さっきも言ったけれど、本があるかないかだけの話でも、ネパールだって、どこだって、本ぐらい皆ある。それを読んでいるかどうかは分からない。でもそのくらいの「誇り」はまだ皆持っているということですよ。今の日本人にはそれがない。これはえらい違いだ。勉強を全くする気がない人間と、したいけど出来ない人間とでは、これは全然違います。大半の日本人は、昔は勉強に劣等感を持っていた。やりたいけれど出来なかったのが勉強なのです。

ところが今、やる気自体がほとんどない。勉強そのものに価値を置いていない。そこまできているると思います。これが昭和五十年代から徐々に始まっている。松下幸之助は昭和五十年の段階で今の社会に全部気づいている。それで、あの人の存命中に打った策が松下政経塾という最後の手だ。松下幸之助の思っていたことを、松下政経塾はまだ少ししか達成できていないという感じが私にはしています。それは松下幸之助のあり方というかな、複雑怪奇な弁証法的な人間だということを分かっていないからだと思うのです。今、松下幸之助が生まれ変わったら、絶対にさっき言った貧しさに向かう産業をやったと思います。そういう人だということを感じなければいけない。

武士道の復活

――先ほどの明治維新のお話で、西郷隆盛の武士道を残しながら西洋文明も取り入れるというやり方と、根っこから日本を排除してやっていく大久保利通とで西南戦争になったわけですが、それが今の日本に至るまでの日本の根っこが残るか残らないかの瀬戸際だったということなのでしょうか。また戦後から七十年経たこの節目は、明治維新から百五十年経つ節目でもあり、もし今、魔法というか日本人が全員あきらめているもの、つまり武士道を根っこにした社会が少しでも再生するというのは、やり甲斐のあるものになるのではないでしょうか。

執行　まず明治維新は瀬戸際ですね。本当にそうだった。あの明治維新によって、絶えず何かあれば日本は自分の主体性というかアイデンティティーをいつでも失いそうになることを繰り返しているのだと思う。そして武士道についての質問ですが、やり甲斐はあるに決まっています。要するに、また武士道が復活するような社会を築く何かの魔法の事業をやる価値があるかどうかということですよね。あるに決まっています。それで、必ず実現すると思う。未完だろうが、なんだろうが、実現に向かう方向にいくと思います。私もその一助となれると自分では思っているのです。松下幸之助も今生きていればそう考えると思います。あの憂国の思想を見れば分かります。日本の文化というのは武士道精神しかない。武士道精神を復活することが、日本の精神文化の復活になるわけだからね。日本というのはすべての文化が武士道に収斂《しゅうれん》する国なんです。だから武士道をやることが、一番日本文化を肌で感ずることが出来る。

では、どういう方法がいいかという話なのだけれど、一言で言えば、今の日本人に与えられている戦後型のＰＨＰ理念ではないですが、その「繁栄と平和と幸福」という表面的な優しさに被《おお》われた自分自身を全部捨てられるかどうかということにかかっていると思う。経済成長だけを願うような、現在の表面ばかりを繕《つくろ》うきれい事社会の価値観を全部捨てれば、必ず武士道は復活してくる。血の中にあるから必ずそうなる。武士道精神がない日本人は、私が知っている限りいない。これは日本人である限り、血液の中に染み込んでいる。日本の武士道というのは二千年の歴史があるのです。あの源氏と平氏が出て来る前からずっと武士道的な狩猟・農村社会が日本にあったのです。だから明治維新で失敗した「急いで得を取りたい」という欲を全部捨てれば、武士道精神は自動的に浮かび上がってくると言える。

私は、ある程度、武士道精神があると自分では思っているのだけれども、私は捨てたというよりも、もともと現世的な損得に興味がないので、武士道精神が維持されてきた。私は全く現世には興味がない。だから松下幸之助にもあまり現世の成功者という意味では興味がなかったのです、こういう縁が出来るまではね。なぜかというと松下幸之助というのは印象としては現世の印象が強い。私は実業家であれ何であれ、現世的なものは全部興味がない。現世は大っ嫌いだ。だから少しは何かが出来るようになったと思います。それほど日本の現状の世の中というのは厳しいということだよ。日本人は変な意味で真面目だからね。明治維新から、真面目に一生懸命頑張って、変な方に頑張った成果が上がっているわけです。ドイツ人と非常に似ている。だから戦争には絶対に勝てない。日本とドイツなど、こういう真面目な民族は絶対に戦争には勝てない。英米のような、ある種狡猾《こうかつ》な国しか勝てないのです。ドイツと日本は何度挑戦しても負ける。なぜかというと真面目だから。根が馬鹿というか、十二歳なんだ、要するに。まあ、純粋と一応言っておきましょう。でも、英米的な狡猾さがないと、やっぱり戦争には勝てない。

ヒューマニズムと大家族主義

――物質文明的な現代の価値観を捨てていくと、最後に浮かび上がってくるのが、武士道的精神なんですね。

執行　日本人ならそうなります。日本人は全部武士道が浮かび上がってくるのです。これは間違いないです。ついでに言うと、ヨーロッパの場合はヒューマニズムを捨てないと文明は再生しない。ヨーロッパを冒している悪魔はヒューマニズムなんだよ。ヒューマニズムを振りかざしてヨーロッパは発展し、アジア・アフリカを植民地にし、大きな面《つら》をしてきた。今でも欧米というのはヒューマニズムを振りかざしている。要するに、自分に都合がいい人権と人間尊重だよ。悪いことじゃないんだけれど、欧米の場合は振りかざしているだけだ。それを本当にヨーロッパが悪かったと思って捨てた場合、その中から出てくるのは何かというと、昔のキリスト教文明です。そしてその申し子としての騎士道の生き方だ。

キリスト教が嫌いな人もいるけれど、良いとか悪いとかじゃない。キリスト教がもし再生した場合は、真にヨーロッパが生まれ変わるということなんだ。要するに我々がヨーロッパと言っているのは、キリスト教のことなのです。でも、今のヨーロッパはヒューマニズムに冒されて、ヒューマニズムの方がキリスト教よりも強くなっている。人間を神だと思っている。ヒューマニズムというのは、最終的には人間を神だと思う思想なんだ。最も傲慢な思想です。でも十九世紀まではキリスト教があったので、平衡を取っていた。だから、ヨーロッパは偉大だった。ところが二十世紀になって、ヒューマニズムが突出してきてしまったので、ヨーロッパ文明は自滅する方向に向かっている。私の好きな歴史家たち、つまり英国のアーノルド・トインビーやクリストファー・ドーソンなども皆そういう見方だ。

一例で言うと、今のヨーロッパは難民や移民を止められないですね。もうフランスだって道を歩けばほとんどが外国人だよ。いずれドイツもそうなる。ヨーロッパなんて今、映像を見ても歩いている人のほとんどが、アジア系かアフリカ系の人だよ。あれはヒューマニズムを振りかざしたことに対する一種の「神罰」だと私は思っている。ヒューマニズムを振りかざして他を征服しながら生きて来た。そのヒューマニズムを前面に押し出してから長く見て五百年、短く見れば二百年が経過し、今や「神罰」過程に入って来たということだ。自分たちが唱えていたことで、自分たちの首が絞まった。今、ヨーロッパで移民を止められる政治家は一人もいない。移民を止めたら人種差別ということで、皆クビになる。

同じ弱みが、日本にもあるのです。日本の場合は家庭問題と人間関係の機微に来ている。日本は大家族主義の国だったからね。日本は武士道もそうなんだけれど、大家族主義がこの国の根源的な宗教なのです。武士道はその最も秀れた申し子だ。したがって、大家族主義から派生するものに全部の良さと悪さが出ると思った方がいい。家族の良さにそれが出ていた時代はとうの昔に過ぎ去ってしまった。だから家族問題や人間関係が出てきたら、日本人の一番悪いものが出たと思った方がいい。これは文化によって各国が違う。ヨーロッパはヒューマニズムが強みであったけれど、弱みにもなったんだよ。日本は大家族主義が実は一番良いものだった。日本文化の一番良いところだったんだ。しかし、それが悪く出ると、今の躾も何にもない、何でもかんでも自分の子どもならいいみたいな、馬鹿なマイホーム主義になってしまうということなんだ。

犯罪を例に挙げると、日本は家族殺人が全殺人事件の半分以上なんだ。今、世界でそんな国は日本だけだよ。世界中で日本は家族殺人の国という印象がすごく強いんだ。報道されないけれどね。なんでそうなったかというと、もともと家族意識が強くて、家族が好きで、これが日本の一番の美徳だったわけです。でも、それがひっくり返れば、今度は家族を殺す国にもなる。今、どっちに行くかというときです。それが怖いから家族の全部を「肯定」する馬鹿なマイホーム主義にどんどん向かっている。家族なら全部いいというような……。家族殺人が怖いというのもあって、すべてが許容されてしまっている。

この悩みが各国で違うのです。それぞれイスラム文明圏、ヨーロッパのキリスト教圏、それから仏教が強い国、日本みたいな大家族主義の国など。中国も大家族主義なのだけれど、中国の場合は儒教からきて、日本とは氏族制の成り立ちと出方が違うので、ちょっと違う出方をしている。でも全部強みと弱みというのは相関関係になっている。そして今は世界中が悪い方にいっていいます。どこの文化圏も持っていた良さが悪い方に転んでいる、というのが二十世紀だと思う。そして二十一世紀にそのまま突入している。これは、すべて経済成長優先の「つけ」

だと私は思っている。つまり性急な発展を望む欲に負けた。グローバリズムの波に呑まれて、どこの国も自分の良さを捨ててしまったのです。

崇高なるものとは

――次の質問をしてもいいでしょうか。さっきの不幸を目指すことについてなんですが。エドマンド・バークの崇高なるものを引用されそれを目指して、松下幸之助は生きていたと執行先生は仰っていました。その不幸を目指すことに偉大なる重層構造があるということですね。その実際の表われは、例えば直線的に暗く陰鬱であるということです。幸之助自身がそういう側面があり、そういう姿を見せて、その目指しているものが「崇高」であることを表わしていたのでしょうか。

執行　そうです。松下幸之助という人を分かりやすく言うと、エドマンド・バークの崇高なるものの定義の通りの人だということです。我々はすべて宇宙的存在で、個性がある。それで皆、別々だと思っているようだけれど、その個性は別として、人間存在の根底では宇宙に生きている限り、宇宙的な実在の一環として同じなわけです、我々は。だから、崇高を目指せば、必ずこうなるとか、軽薄な人間は必ずこうとか、決まっている。そういうことから類推して私は、松下幸之助は崇高を目指しているということを断定しているんです。そうすると必ずこういう人間であり、こうやって生きてきたということが分かる。それが分からないとＰＨＰ理念の本質が分からないのです。

――そこにある重層構造、例えば悲哀をかみしめるとか喜びを押し殺すとか、それは場合によって松下幸之助だと具体的にどういう行動でどう表われてくるのでしょうか。

執行 これはね、行動としては、具体的には何かは分からない。行動としては笑っていようが、冗談を言っていようが、内実はこういう人だということなんだ。写真の微笑も、目は笑っていないのが分かる。だから、あの人が笑っているのは本当じゃないということ。笑っていても本当じゃないということを分かって喋らないと駄目ですよ。私もそうです。似ているから分かります。皆さんは私のことを結構明るいと思っているのではないですか、多分。これが全くの間違いで、私は真っ暗なのです。

はっきり言いますが、そういうことなのです。見た目とは全然違うということだ。見た目通りの人は全部薄っぺらい。これを「軽薄」と呼んでいた。「単細胞」とも昔は言った。今は言わなくなったけれど、昔はそうだよ。松下幸之助がどういう人だったか、私も会ったことがないから知らないけれど、笑っていようが何しようが多分、心は笑っていないとか、そういう人に間違いないよ。ただ熱いものが体内にあり、悲哀を深く蔵していたんだということだけを私は感じるね。

――崇高を目指す、崇高な生き方をするからこそ、生命の悲哀があるんだということですね。

執行 生命の悲哀を認識すると、崇高になってくるんだ。そして崇高を目指すようになってくる。生命の悲哀が分からないと崇高性は出てこないのです。

笑顔のファシズム

——次の質問をさせてください。高貴性と野蛮性のところですが、野蛮性にすごく興味が湧いています。先生が言われた「道徳は破るためにある」というところ、これは高貴性と野蛮性をうまく表現された言葉だという風に認識しました。道徳は一種の高貴性を型にしたものだと思いました。また、破るというのが野蛮性です。それがないと道徳は死んでしまうのではないか。ただ、この道徳は実は全員が同じものを目指している道徳ではなくて、さっき話された家族の話でいくと、うちのこんな風なところを大事にする、昔あった「うちはうちだ」という発想が実はこの道徳ではないかと思うのです。それは、執行先生には執行先生の、松下幸之助には松下幸之助の思想があり、考えがある。これが一種の道徳であるのではないかと。それに対して、それを今僕らが聞いていて「ふんふん」と、聞いているうちは一切の野蛮性がないんじゃないかとも思いますが……。

執行　その通りだ。反対意見がないとおかしいのです。あなたたちが皆私と同じ意見のわけがないものね。

——はい。それに対して、それこそ「執行先生、違いますよ」、「清貧の思想ということとは違って、やはり今の繁栄と平和と幸福を実現していくことが僕は大事だと思うんです」という風なところから、破っていく必要があって、破っていく中に自分の考え方と、執行先生の考え方が実は共通し一致することもあるのかとも思います。

執行　一致点があるのもいいけど、なくてもいいんだよ。一致点がなければ駄目だと思うところが、今の平和ボケなんだ。意見というのは違っていなければおかしい。それでいいんだ。違うところを見つけるのが話し合いなんだ。そこを本人が見つけられないと駄目だということです。だから間違った道徳観というのは、正しいものは決まっている、一つしかないと思っていることなんだ。これを教条主義と言う。今の日本の道徳はほとんどそうなっている。そうではなくて、昔あった文学論ではないけれど、本当は違いを見つけるのが道徳なんですよ、根本は。それで、さっき言ったそれぞれ違った道徳になっている。今はほとんど教条主義の時代で、とんでもない時代ですよ、日本は。私は今の日本の、統一された価値観以外を認めない社会を「笑顔のファシズム」と名づけています。そしてその「正しさ」を決めているのが政治家や学者でもなく、マスコミやテレビときているんだから、全く涙も出ないよ。

——それを一つにしようとするから、そこにエゴが生まれるのではないかと思います。

執行　そうですね。教条主義というのは自分と同じじゃなければ駄目だという思想です。教条主義に陥る人間は、実は道徳の名の下に、自分の考えを他人に押しつけようとしているだけだということに気づいてほしいのです。自分と違っていても、道徳的な人が集まれば、文明社会は出来る。この道徳観とは、協力して何かを創り上げようと思う心に近いものだと思えばいい。実は守るべき道徳などというのは簡単で、最終的にはあの「モーセの十戒」程度しかない。我々が文明社会をつくるのに、どうしても守らなきゃいけない掟《おきて》は、本当にモーセの十戒で充分なんだ。十もないと思う。日本でも憲法といっても聖徳太子でも十七条だ。大体そんなものです。十七条憲法なんて読んでいけば、最後の方は割とどうでもいいようなことばかり書いてある。本当に必要なものは十以内なのです。あとは個人個人、別々だと言えます。

その別々の道徳を打ち立てるのが真の教養です。そして別々の道徳を打ち立てるためには、ぶつかり合いがなければ出来ない。親子でも対立していない親子ならば、優秀な子は育たない。これだけは保証できる。先生とも対立しなければいけない。先生の言うことを全部聞いている子なんて、どうしようもない。なんでそんなことが分からなくなったかが分からない。ただ今の日本はそちらの方に向かっている。今は親の言うことを聞くのだって極端です。ほとんど言いなりだ。マイホーム主義なんて見るに堪えない。親子でほとんど一組です。一日中親子でつるんでいて、なんともないのだから。

面倒くさいことが大事

――もう一度質問に戻るのですが、貧しさに向かうというのは具体的にはどういうことですか。

執行　禅の思想が私の言う貧しさに近い。禅では何よりも初めに水の使い方を教えられる。一定の水だけで、すべての生活を行なう。この思想が物事の根本なんだ。それが分からなかったら、「物を用いる」ことは人間には出来ない。だから禅の文化はこれからの日本に一番必要ではないかな。禅的な考え方は正しい貧しさに向かう、一つの道筋です。今の豊かさというのは物質文明のことを言っている。人間が物質を正しく用いるようになると、それが貧しさにつながっていくんだ。今の豊かさが表わしているのは、全部、贅沢な物質だけのことなんだ。どうしても人間性が入ってくると貧しさという表現になる。人間性も入った方が豊かに決まっているのですが、今、豊かさというと人間性も全部排除することになってしまう。人間にとって価値のある本当のことというのは、実は非効率で不合理で、生産性がなくて、面倒くさいことしかない。それが貧しさから生まれる真の豊かさだと私は思っている。だけど現代の言葉としては貧しさということになってしまうのです。

私が監修した、ミゲール・デ・ウナムーノの人生と哲学について書かれている『情熱の哲学』（法政大学出版局）という本の著者で、佐々木孝先生という人がいるんです。その本は、佐々木先生の四十年以上前の名著を基に再編集したのですが、今の時代に必要だと思って監修して復刊したんだ。その著者の佐々木孝先生に挨拶のため会いに行ったのです。そのとき佐々木先生が言っていたことが忘れられない。今、八十歳近くになられていますが（二〇一八年末に逝去）、引退されてから、放射能被害に苛まれている南相馬市（福島県）に住んでいるのですが、言っていたことはただ一つだった。とにかく自分の人生で良かったこと、本当に豊かだったことは、すべて面倒くさいことだけだったと。楽しくて簡単で合理的だったことで、良かったと思ったことは今思い返すと一つもなかったともね。とにかく自分の人生で生きてきた甲斐がある、思い出として楽しいのは、とてつもなく嫌な面倒くさい事柄ばっかりだったと。その中心の一つとしては、そういう人間関係とかを言っていたよ。家庭の中でも色んな苦しみや嫌なことが多かったが、本当に人生というのは、そういうものが大切だってね。

だから、利便性や物質的豊かさだけで生きると合理主義に必ずなっていくんだ。そういう面倒くさいものを全部切り落としてしまうんだよ。今の若い人は聞いても分からないかもしれないけれど、私が子どもの頃まで、うちの近所で毎日夫婦喧嘩がない家は一軒もなかった。夫婦というのは喧嘩をしながら生きていくものだった。今、ほとんどないでしょう。今、夫婦喧嘩は即離婚だよ（笑）。そういう時代になってしまった。どうしてかというと合理主義を追い求めたからなんだ。

喧嘩ほど、言い争いほど、非効率で不合理で損なものはない。だから私と親父も一生に亘って対立していたけれど、私は親父のことを死ぬほど好きなんだよ、尊敬もしているしね。それでも親父とは相容れないものがある。これがどうしても一人の男と一人の男という、親父と私という人間が生きてきた人生のどうしようもない違いがあるんだ。親父が九十六歳で死ぬまで対立してたということは、悲劇であり、悲しさであり、良いことではない。私はどうしてもなんとか仲直りしようと思っているから、かなりゴマを擂《す》ったんだけれど、全部はねつけられたよね。「見え透いたことしやがって、この野郎」と。でも、私は本当に絆を取り戻そうと何度も何度もやって、全部はね返された。それが人生だってことでしょう。非効率で面倒くさいものが人生で大切なものなんだ。

これね、夫婦も同じなんだ。適当に合わせたら、仲直りなんて、その場で出来るに決まっているのですよ。しかし私は自分の人生観は一つも曲げなかった。親父も曲げない。これが人生だということなんだ。しょうがない。それで、うちの親父というのは、私が一番大切な人だったということも事実なのです。多分、親父もそうだったと思う。だけど、二人は一番面倒くさい生き方を選んだということだと思う。だからこそ、佐々木先生の言葉というのは、今でもこうやって覚えていて、何度も出る。なぜかと言うと、自分の人生と重なっているみたいだからね。佐々木先生みたいに優れた方がしみじみと言ったのは、もうとにかく人生で良かったことは面倒くさいことしかなかったということだった。これが、これからの日本を立て直すのに、最も重要な思想の一つだと私は思っている。

不幸と幸福

執行　今まで言っていることは、私の本にも書いてある「不合理を愛さなければならない」ということなんだ。まあ不合理だけれど仕方がないというのでは駄目だ。もう我々は合理主義の世の中に、完璧に汚染されてしまっているからね。不合理を喜んで受け容れなければ、それを消化吸収できない。さっきの不幸の話と一緒です。今となっては、もう幸福を追求することが皆の中で、当たり前になってしまっているのだよ。だから、あえて不幸になろうとするぐらいじゃないと中和できないということだ。少なくとも私なんかは、それを標榜して生きているのだけれど、それでちょうどいいというところかな。私は、これからどうやったら不幸になれるのかと本当に考えているのです。でも私は、結構自己の思想が確立しているから、何をやっても幸福になってしまうんだ。どうしようもないね。私ぐらいのベテランになると（笑）。不合理なことにぶつかっていくと、心は幸福になりますよ。もともと、幸福は結果論なんですよ。

――自分が幸福になるためにというのが初めからあるとエゴイズムに陥るということですね。

執行　そう、それを標榜しちゃうと、駄目なんですよ。標榜すると幸福志向はただのエゴイズムに堕してしまうんです。例えば、先日、北鎌倉の円覚寺派管長の横田南嶺《よこたなんれい》老師と対談して、今度その本が出るのですが（『対談　風の彼方へ』ＰＨＰ研究所、二〇一八年出版）、とにかく禅も今、昔と比べて価値が落ちたのは、健康になるための禅、成功するための禅、そういうことのために皆、行なっていることが一番大きな問題だということが話題になった。これは間違いだと南嶺老師も分かっているのだけれども、今は止めようがない。禅は本来は基本的に現世のすべてを否定する「不幸の哲学」のはずなんですよ。一言で禅とは何かを言えといえば、武士道と同じだから、絶対否定だ。すべてのものを否定するのが禅の真髄です。これは武士道もそう。だから私はよく分かる。でもそれを表明したら、今まあ円覚寺も食えなくなるよ、多分。私はそう思っていないけれど、一般的には食えなくなる。それが怖いからどこも言えない。だから一回貧しくなる気がないと言えないということだよ。私はだから、皆不幸になれ、貧しくなれ、駄目になれと言っているわけです。そうしないと行なえないし、言えないんだ。

でも多分、結果論は、私は駄目にはならないと思うよ。私もそうだから。私はこれを言って実行していたって、経営している会社は儲かりっぱなしだし、出す本は全部売れてもいる。

本当に私は売る気はないんだ。社員も皆知っている。一応社長なんで社員を集めて私は正月明けの挨拶をするのだけれど、「今年も適当にやるように」と言っているのだからね。これ嘘じゃないです。私の経営する会社は目標なんか無い。とにかく、全員その日の仕事に「体当りせよ」と言っているだけだ。三十五年間そう。それでその日の仕事に体当たりすれば、必ず仕事はうまくいくし、必ず儲かるということなんだ。儲からない場合は、体当たりしていないって怒るだけです。だから、経営計画なんて立てる必要がない。仕事なんて力一杯ぶつかっていけば、必ず道は拓くし、道が拓くということは、事業なら儲かるということだからね。そういうことでしょう。だから、儲からないのなら、体当たりしてない、何か商売と違うことを行ない考えているということなんだよ。大体、決算書なんて見たってしょうがない。私は三十五年間、自社の決算書を一回も見たことがないからね。もし何かで捕まったら、放漫経営で罰せられる（笑）。間違いないね、私の会社は。

──松下幸之助が当時言われていた繁栄は、今は貧しい方向に向かうということでしたが、執行先生のお話を伺っていると、先生は、不幸の中に幸福を見出すということですね。

執行　過去の大人物は皆そうだったし、私もそう思っている。本人がそう思うということだよ。見出すんじゃなくて、結果論として幸福を感ずることはあるということだ。だから私は一生不幸にはなれない。そういう概念だってことを言っているわけで、不幸とか幸福は形があるものだと思ったら、間違うということです。

――禅にしても、健康のためにとか、何か成功するために禅をやりましょうというのは、「何々のために」があるからいけないのですね。

執行　そうですね、武士道もそう。「何々のため」があれば、それはすべてエゴイズムに変わってしまう。そういう奴は特に性質《たち》が悪いし、自分を捨てて本気で立ち向かわないと駄目だということです。会社経営であれば、今後は手作りの方向に活路が見出せる。でもその話を聞いた人は、ああこれからは手作りが儲かるんだっていう風にすり替えて、結局、方法論がそっちに変わるだけで、やっていることは全然同じということが起こる。世のため人のためには、何が良いかを考えるのが本来なんだ。今後は、多分貧しさに向かうだろうと私は思っている。手作りはその一例だよね。成功するからやるんじゃない。世の中のためにそれをやるんだよ。この目的がエゴとなる悪循環というのは、合理主義から来る。だから、合理主義を捨てなければ駄目だと言っている。

私の理論の一つだけど、必ず「体当たり」と言っている。「体当たり」だけが人生なんだ。「体当たり」をすれば芽が出てくるし、それはすごく不合理な生き方なんだ。体当たりをしていれば、合理主義には絶対にならない。合理主義に走ったら、手作りも寄り添いも全部悪い結果しかないよ。介護だってなんだって、そうなんだ。今はもう介護も全部、利権団体になっているんですよ。分かっていると思うけれど、これは合理主義に走っているからです。

帝国主義のオリンピック

――合理主義のところでですね、二年後の二〇二〇年の東京オリンピックについてお聞きしたいのですが。オリンピックは「繁栄・平和・幸福」の象徴であるような祭典かと私は思っていたのです。しかし実際にその運営に関わる仕事についていると、何か合理性だけしか感じられなくておかしい気がしています。海外の選手のキャンプ地の誘致ですとか、ボランティアを集めるとか、かなり合理的なことばかりで、そして「レガシー」（遺産）という言葉で、オリンピック後に何かを残そうということで、動いている。オリンピックは事業になってしまっているのではないかという感じがするんですね。そこでオリンピックに対して先生が感じていることを伺いたいと思いまして……。

執行　私自身のオリンピックに対する考え方を言うと、「オリンピックの時代」というのは現実的にはもう終わっている。現代に対しては何の価値もないと思います。だから今後は終焉に向かうと思います。どこでそうなるかは、私も分からない。今度の東京オリンピック辺りで危ないけれども、少なくとも、次の次ぐらいまでには、オリンピックの意味は滅びる。そして現実的になくなる方向にあるでしょう。

もちろん皆さんご存じのように、オリンピックの精神はもうすでにありません。今は単なる金儲けであり、イベントであり、アスリートの出世コンテストになってしまっています。そしてマスコミ的な単なる見世物ですね。

それからもっと大きい時代的な精神で言うと、オリンピックというのは、フェアプレーの精神を世界中の人間が集まって国別に競うものでした。あれは、二十世紀初頭の帝国主義のヨーロッパが生み出した思想なんです。だから、帝国主義のヨーロッパ文明がなくなった今だから、オリンピックもなくなる。あとは時間の問題です。フランスのクーベルタンが創って、世界平和のためと言っていたけど、あれはヨーロッパが世界を制覇するヨーロッパ帝国主義の思想の中から生まれた祭典なんです。

だから、ルールも全部ヨーロッパ中心です。アジア人とアフリカ人は全部ヨーロッパに合わせろと言っているだけです。日本なんか優等生だから一生懸命、合わせています。日本人が何かで勝ち出すと、今度は、またルールを変える。あれだって当たり前で、ヨーロッパのものだからね。国別に競うなんてこと自体、もう今では無意味です。あれは、要するに帝国主義思想の戦争と同じ思想なのです。普段、愛国心もなく贅沢三昧して遊んでいる人間が国旗を見て涙を流すなんて、私なんかへそで茶が沸いてしまう。オリンピック精神とスポーツ精神そのものが死んでいるから、オリンピック自体、もう意味をなしていない。スポーツが現代社会でこれだけ華々しいというのは、「スポーツ精神」が死んだからなのです。

スポーツが生きている時代というのは、もっと「フェアプレーの精神」とか、つまりアマチュア・スポーツだった。昔クーベルタンが言ったオリンピックというのは、アマチュア・スポーツのことです。そのアマチュアリズムというのが生きている時代は、スポーツというのはもっと生き生きしていた。もっと偉大なものだった。だから、スポーツ精神は物語としては偉大な文学とか偉大な映画の中に残っている。例えば好きな映画では『炎のランナー』があるね。あれは戦前のイギリスのスポーツマンシップの物語だけれど、ケンブリッジ大学の学生がパリ・オリンピックに出るときの実話です。あれは涙が出る。偉大なスポーツの時代、一九二〇年代の青春なのです。アマチュア・スポーツが創り上げる、高潔な人格がまだ世を覆っていた時代の美しさを謳っている。でも今はもうスポーツ精神は死んだ。金儲けであり、芸能の一分野としての機能になっていると思う。今のオリンピックなんか、馬鹿ばかしくて、見る気もないし、全く関心もないです。

ノーベル賞の終わり

執行　それとノーベル賞について、一応覚えておくといいのは、ノーベル賞とオリンピックが二十世紀の西欧思想の宣伝としての祝祭を代表するものなのです。だから、ノーベル賞ももうすぐ駄目になる。もう存在価値もほとんど無くなっていると思う。あれもあと何年持つかです。今どきノーベル賞なんか欲しがってる人間なんか、これもどうかしている。ノーベル賞を欲しいと思うことそのものが、すでに精神的に植民地なのです。そう言えば、私の好きな偉大な作家の安部公房ですが、この間、本が再刊されたんだけれど、その帯を見たら、安部公房がいかに偉大かということが書いてあるんだ。それがノーベル賞候補に何回なったって書いてある。精神的に植民地で馬鹿なんだ。ノーベル賞なんて全く関係ない。安部公房の文学は安部公房の文学として偉大なんだ。あれは現代社会をえぐっている最も優れた文学の一つです。その文学の価値に比したら、ノーベル賞なんて問題外です。あとは三島由紀夫だってそう。そういう賞の時代になっていて、三島由紀夫も復刊されると、ノーベル賞候補に挙がったと書かれている。ただ、当時はノーベル賞も価値はあったんだけれどもね、精神的な意味では。それは二十世紀で終わりです。二十世紀というのは、象徴はオリンピックと、今言ったノーベル賞だということを覚えておくといいよ。あと、あらゆるコンクールと賞というのも同じです。

万博なんかも、当然そうだ。あれはオリンピックの弟みたいなものです。オリンピックほど有名ではないですが、万博もヨーロッパ帝国主義が生み出した象徴的なものだ。だからこれからもちろん、滅びる。オリンピックは、ただあと何回いくか分からない。これは勘だけれども、今度の東京オリンピックが分岐点だと思う。あのやる気のなさ、凄いものがあるね。本当に出来るのかという感じです。

もともと、誰もやる気のないところに誘致してきたものだからね。あれは石原慎太郎元東京都知事の時代、実は不良債権とか土地の不良物件が山積みしてたんだよ。それを全部オリンピックで、騙して解消してしまおうと思って誘致したんだ。豊洲市場も入っています。あと、湾岸のマンション群も全部失敗だった、造ったときは。それをオリンピックに託《かこつ》けて、全部土地に価値をつけて、売ってしまおうという計画だな。石原慎太郎は正直だから、一回、口を滑らせていたと思う。オリンピックが決まった頃、東京の今までの不良のものは全部、これでなんとかなる、と言っていたのを観たことがある。オリンピック騒ぎで全部始末してしまえばいいんだと、そういうことで誘致しているだけだからね。まあでも、オリンピック以外に、フィーファ（FIFA）とかも同じだよ。あのフィーファの会長も、見ただけで利権屋だと分かる。もうスポーツ精神が死んでいるから、早い話が全部そうだよ。スポーツ関連団体は腐っているところが多い。要は、スポーツ精神が腐ってしまったから仕方がないんだよ。しかし、死んだからこそ、これだけ皆がスポーツ好きになったということです。死んだものは、何というか、精神的な害がないということかな。自分を痛めつける何かがない。だから娯楽になれるんだ。例えばスポーツが生きていた時代って、スポーツマンはいつも自分の卑《いや》しさと対面しなければならなかった。自分の人間的弱さがあからさまになるんだよ、フェアプレー精神というのは。でも今はただの金儲けだから、誰も心は痛まない。だから、これだけ流行《はや》るわけなんだ。今、本当のスポーツ好きの人なんて基本的には一人もいない。皆ストレス解消の娯楽なんだ。皆そう言ってるよね、癒しだって。

子どもは自分らしく

——今は家族とのつき合い方も娯楽化しているように見受けられるのですが、どうでしょう。

執行　私もそう思う。その原因は自分が好かれたい、幸福になりたいからだ。だから本当の

「人間づき合い」が出来なくなっている。本当のことをやろうと思ったら、自分が悪人にならないと出来ない。やっぱり、自分はいい人間だと思われようと思ったら何一つ出来ない。私は親父とうまくいかなかった。親父に好かれようと思っても、私自身に出来ることは何一つなかった。親に好かれたいと思ったって親に表面上合わせることは出来ないんだ。親のことを本当に好きなら私はそうなると思う。結構きついけれど仕方がないね。ここを突破していかなきゃ、何一つ出来ないということだ。私は人には偉そうなことを言っているけど、父親とはうまくやることも出来なかった。父親もそうだったけれど、私は子どもにだって、何も合わせない。子どもに好かれたいとも思ったことはない。子どもには、立派な人間になってもらいたいと思っているだけです。

今は子どもが跡継ぎとして、私の会社に来てるけれども、何の教育もしていない。子どもは自分らしく生きればいい。私は好かれる気もないし、そう思っていないと、何も出来ない。私の経験上、特に子どもに幸福になってもらいたいと思ったら、自分の人生は終わる。子どもはきついよ。

私もいくつか反省点があるんだ。皆もそうだと思うけれど、自分のことは我慢できても、子どもだったらどうしても幸福になってほしいと思ってしまうんだよ。思った瞬間、とんでもない悪魔がやって来る。弱さが天から降って来るのが分かるんだよ、ああ降って来たというのが分かる。とんでもなく人間として弱くなってしまう。言いたいこと一つ言えなくなる。他人の顔色が気になってくる。かくいう私も一時期なったことがある。でもなったらすぐ分かるから、私は勇気を奮い立たせてばっさりと捨てた。でもやっぱり子どもを育てる段階で、学校を受験させたりとか、色々あるじゃないですか。そういうときに、ちょっとこの学校に入ってもらいたいと思うだけで、もう駄目になる。こんなに弱いのかなと思うくらい、気が弱くなるのです。だから、そこでまた捨てたね。子どもには子どもの運命があるということをもう一回よく思って、私は私の運命を生き切ることしか出来ない人間だから、子どもも子どもの運命を力一杯生きてくれればいいと思って、それから自己を取り戻したんだ。

左翼も右翼もない

——全く違う質問をしてもよろしいでしょうか。平和について伺います。平和は、一つの国が強くて圧倒しているようなときにもたらされる、戦争と戦争の間の一瞬の時間と捉えていいのでしょうか。または、二つ三つくらいの国が連合を組んで、やはり同じように他国に圧迫をかけて逆らえないようにしたときに得られるのが平和というように考えていいでしょうか。

執行　その通りだと思います。人間の歴史においては、戦争の方が主体で、平和というのがその間ということになります。それが人類史の真実です。単独でも連合でもすべて同じですね。

——そうですよね。だとすると、松下幸之助の提唱したＰＨＰ理念という中での「平和」というのはそのようなことが充分に分かっていて言っていたことなんでしょうか。

執行　分かっていたと思います。松下幸之助が言っている「平和」は戦争の合間の「平和」だということです。それは、敗戦の日本から未来へ向けて放たれた理念であり、時限立法だということを言いましたね。だからその時代に唱えた。戦争は口に出さないけれど、戦争体験としてあの人の奥に深く入っていたのです。戦後の松下幸之助の役目としては、そのときは「平和」を唱えることが役目だったということです。

——では、これから先は分からないということですね。

執行　そう、これから先は分からない。今、幸之助が生き返って来たら多分、私が著作を読んだところからすると、憲法第九条改正、日本も必ず自衛の戦争を肯定する、そちらへ向かうように、松下幸之助は言ったと思います。

——すみません、今の憲法改正というところで、少し聞きたいのですが、護憲という方もいらっしゃいますよね。いわゆる左翼と呼ばれる方です。私は七年前から東日本大震災のボランティアをしているのですが、その行く場所場所で結構左翼の方にお会いするんですね。ボランティアの凄いエキスパートな方に限って左翼の人だったりするんです。それがものすごくカルチャーショックだったんです。例えば、南相馬の南にある浪江町で、「希望の牧場・ふくしま」というのをやっておられて、牛を今も飼っているんですけれども、放射能を浴びているから殺せと言われたのをわざと生かしていることによって、政権を批判するんだと言っている方がおられて、その方に傾倒しているボランティアの方が結構いらっしゃった。その方のお父さんは、満州の満蒙開拓団に行って引き揚げのときに、関東軍なり満鉄（南満州鉄道）に裏切られて帰れなかった。それを心に持ったまま、その子どもがまた政権批判をやっていたりする。えらく政治的な話なんですが、僕は何と声をかけたらいいのかということですね。私は憲法改正の方の考えですが、その左翼の人のように連続して国からマイナスの目に遭っている人たちを見たときに、何も言い返せない。そういう左翼の方と、それから憲法改正とかいうこっちの方とのそれこそ弁証法的に今、対立状況が生まれているから、もう一段上に上がる何かを見出したいんです。自分でちょっとそれが分からなくて困惑しているんです。

執行　まあ日本の場合には、左翼と言っても左翼の言葉自体がちょっと違っています。戦後の日本においては、左翼的な立場ということは、すべて文句屋だということです。人生に文句のない人などはいない。それを国や人のせいにするか、しないかの問題です。文句屋の体制批判は問題外です。どうしろという解決策は出ない。いつの世も文句屋は必ず何パーセントかはいるわけで、今の日本もそうです。共産主義とか、そういう真の左翼というのは、戦前にはいた。それで特高警察とかに捕まったけれど、ああいう骨のある、思想としての左翼には一理ある。しかし、戦後はいない。だから文句というのは、良くなっても良いこと自体にもあるわけだから、全然解決できない。ここでの問題点というのは、あなた自身が人を説得しようと思っているることだと思います。または自分を相手に分かってもらいたいというのかな。

まず、説得をしようという考え方そのものが傲慢なんですよ。人間というのは、全部自由な考えを持っているわけです。全員が勝手に生きているんだ。それでいい。あとは自分がどうするかという問題なんだ。だから、私はすべてが修身と言っている。道徳は、全部が修身だ。道徳に関する限りは他人にこうしろああしろと言ったら、その時点で落第ですよ。真の人格者というのは、他人にはすごく甘い。そして自分に厳しい。言葉では修身と言う。儒教で言う「修身・斉家《せいか》・治国・平天下」です。最近の例で言ったら、幼稚園で子どもたちに「教育勅語」を暗誦させていた変な奴がいたよね。あれが他者に道徳を押しつける代表だ。他人に「教育勅語」なんかを暗記させている奴は、全員その手合いだ。ああいうのは「コスプレ右翼」と言うんだよ。他人に語るのは「思想」でなければ駄目です。道徳は自らを戒めるものだからね。

道徳教育なんて嘘だ

執行　道徳を他人に言う人は、全部が嘘と思っていい。そう思っていて間違いないし、特に道徳はすべてそうだと思っていい。だから道徳的なことを覚えたとしたら、自分に対してやる人が真の道徳家だ。「道徳の力」は、そう生きている人が放つ感化力の中にあるんだ。たとえそれが家族であれ、子どもであれ、お前やれなんていうことを言い出すと、そいつは自分はやっていない。二重人格者であり、コスプレ右翼だということだよ。これ「論語読みの論語知らず」と江戸時代から言われていることなんだ。論語に書いてあることは、全部修身といって、自分を戒めるための言葉だということが分かっていない。だから、真の道徳的な人になると、一生涯に亘って『論語』を毎日読んで、それを死ぬまで一回も家族にも語ったことがないということになる。例としては、外交官で戦前に総理大臣をやっていたためにA級戦犯になった広田弘毅ですよ。

広田弘毅が中学生になるときに、中学校に受かったときの贈り物として、お父さんから『論語』をもらった。その『論語』を父親の思い出も含めてね、毎日寝る前に三十分ずつ死ぬまで読んでいた。一生涯だよ。処刑の前も読んでいたそうです。あの人は、一度も『論語』を家族にも語ったことがない。あれが昔の道徳家の姿だと言えます。自分がそう生きただけだ。大体「教育勅語」なんかを人に覚えろなんて言っている奴は一番、本人が最低の人生を送っていて、名前を挙げろって言ったら何人でも挙がる。一番嫌いな人種です。自分でやれというのが道徳だ。私は、そういう奴の前ではわざと道徳を破るのが趣味なんだ（笑）。私はそういう性格で、そしてその性格が、自分の一番良いところだと思っている（笑）。

そもそも道徳を教科にするのが間違っている。道徳は学校で教える前は、昔は家庭の愛情の下にある躾だったんだ。道徳を教えるのは全部生き方だからね。親は子に自分の生き方を見せる。子どもがそれに感化を受けるかどうかだ。だから、それを「背中」と言う。背中で教えるものが道徳だ。口に出したらもう教条主義に陥る。一挙に堕っこちる。そして地獄に堕ちる。教条主義が出たらもう終わりで、逆効果だよね。自分がそう生きるしかない、道徳は特にね。

私は体当たりの人生を生きているけれど、私が他者に与えられる感化は、体当たりしかない。それ以外は何にもない。それも、他者が見て感化を受けるかどうかは私にも分からない。私は今でも「受けろ」と言ったことはないし、私の体当たりだけが価値があると言ったこともない。私はこう生きると言っているだけで、あとは、他者がどうするかは分からない。私の子どもは、三十歳を超えて、何だか知らないけど会社を継ぎたいとか言っているけれども、それもどうしてかも分からない。

道徳とはそういうもので、一つか二つしか出来ない。私は体当たりしか出来ない。それが正しいなんて言ってはいません。正しかろうが間違っていようが、死ぬまで武士道の思想に基づく体当たりをして死んでいくという話をしているだけだ。もしも死ぬ前にそれが駄目になったら、私の人生はくだらない人生だったということです。でも、死ぬ瞬間まで武士道を堅持したら、私は一つの価値がある生命を生きたということなんだ。そして、宇宙に旅立てるんだという話を先ほどからしています。死ぬ前に弱音を吐いてもいけない。武士道の根源は痩せ我慢だからね。私は弱音なんか一回も吐いたことがない。親にも先生にも誰にも一回も元気づけられたこともない。

私はそれが自慢です。六十八年間、皆から貶されているだけだよ。私はそれが誇りだ。それこそ痩せ我慢です。少しは気分が落っこちているときもあったけど、人にそんなのは気取《けど》られたことは一回もない。親にもね。うちのお袋は、私が死ぬほど好きだった人で、お袋も私にはすごく優しかった。そのお袋も優しい言葉を私にかけたこともないし、私のことをいいと言ったこともない。それは死ぬまでです。私とお袋の間の愛情は、最後まで言葉には一言も出なかった。すべてが無言だった。これが昔の日本人です。私はそれが昔の道徳だと思っている。だから今とは全然違うね。とにかく言葉に出たら終わり。それが道徳なのです。

原点へ戻れ

――続けて平和について伺いたいのですが。平和について日本の世界に対する姿勢と言いますか、最近の日本人は世界市民だとか、話し合えば分かるとか、特に左翼系みたいな人がよく言ってますけれども、世界市民だとか、話し合えば分かるっていう考えは、正しいのでしょうか。それとも逆に、世界市民という言葉に今の日本人は、日本人であること自体に対する自意識がないという風に感じるんですけれども、その点はいかがでしょうか。

執行　世界市民なんて、言葉自体がもう間違っている。世界市民とか、そういう枠を広げるほど人間として無責任になるだけです。実は日本民族と言っても無責任で、日本民族がどうしたとか言う人は、ほとんど大半がコスプレ右翼でしょう。民族の生き方というのは、全部体内、血の中にあるんで、最後を言えば自己だけです。それと自己と家族、それから地域、自分の目の届く範囲、その範囲で自分の思想を実行するのが一番重要なことなんだ。つまり、責任をもって出来ることをやることです。

これは有名な話なんだけれども、ランケという歴史学者がドイツにいた。そのランケが言っているのだけれど、ギリシャ・ローマ時代以来、名作と呼ばれる文学とか偉大な哲学は、標準語が出来る前のものしかないと言うんだよ。文学も全部、名作は方言で書かれたものしかなかった。つまり何かというと、まだ人間が自分の目で見える範囲で生きていた時代に、文学も詩も、特に詩だと言われているけれど、歴史に残る名作が出来たんだ。それで、徐々に民族の枠が広がってきて、自分の目の届かない範囲のものをギリシャ人とかローマ人とか言うようになってからは、真の人類史的名作はないとランケは言っているんだね。確か『世界史の流れ』（ちくま学芸文庫）という本だったと思う。私はそれは非常によく分かる。これは、自己責任の問題なんだよ。だから、自分のゆりかごの中で覚えた言葉、方言ですね。それを使って表現していることだけが人間の本来のものであり、本音だということなんだ。

そのくらい人間は、実は本当のものは小さいんだ。だから枠を東京都とか日本に広げたって無責任になってしまう。要するに頭だけ、意見だけということになる。本当の体感というのは見える範囲でしか駄目ということです。だから世界市民なんかとんでもない話です。でも不道徳な人間は、皆それを言っているよね。大体、自分がとんでもない人生を送って、不道徳な人はたくさん知っているけれども、皆、国際的にはどうとか、日本は封建的で古いとか、必ず逃げ道を作っている。でも根本は、人間は自分の見える範囲以外は、本当に思うことはないということです。これは全員そう。だから逆なんです。世界市民ということでものを考えるのではなくて、一番小さい自分の考え方、つまり自分の原体験が、ゆりかごから垂直にずうっと来た、今の自分の人生に原点がなくてはならないんだ。それと、自分の家系。そこからきた本当の血の中の思想を、今度は逆にどこまで広げられるかが問題だと思う。

——広げる範囲というのは、僕なんかは逆に血とか言葉という風に考えたときに、最大公約数は日本という国にはなりますが。

執行　そうですね、そこが一番大きい極限だろうね。それ以上広げてしまうと、欺瞞《ぎまん》というか、もう無責任ですよね。自分に都合のいい頭の中の適当な意見しかない。民族主義とか、世界主義とか、そういうことを話す人は、自分の家庭すら固まっていない人が多い。世界主義を唱えても、全くの空論で、まだ何も固まっていないから唱えている。他人に対して、要は不安なんだ。他人の同意を求めているというところかな。まず地固めをする。我々は日本人だから、自分の祖国である「日本」が考える上限ということです。それで、民族は限界。「思想」というものが届く限界ということだ。民族を超えたらもう血の中にないので、あとはもう適当に、ちょっと思ったことを言うだけということになってしまう。だから、世界平和というのは、ある意味では絶対に実現できない。

――そういう風に思って、世界の平和を目指した方がいいということかもしれません。要は、自分を固めるということですね。また先ほどのヨーロッパの話で、移民が止まらないということでしたけれども、そこをもう少し詳しくお願いします。

執行　あれは止まらないのではなくて、止められないのです。自分たちで創ったヒューマニズムに自分たちが完全に縛り上げられた。ヒューマニズムで世界を征服した反動の神罰と言えます。

――止められないという話になりましたけれども、最近日本は、いわゆる外国人労働者という話をしていますけれども、そういった方向というのは、僕は逆に、怠惰な日本というものの継続的な安易な主義の、非常に危ないものだと思うのですが。

執行　ただ、まだ日本はヒューマニズムにそこまで冒されていない。国籍を与えるということはしていないからね。まだ大丈夫と言えます。移民問題というのは国籍問題なんだ。例えば外国人が何百万人来ても、それが労働者である限りはまだいい。問題は、国籍を与えなければならない場合だ。今、フランスとか、イタリアとか、ヨーロッパの国は、流れ込んできた移民が全部フランス人、イタリア人になってしまう。ドイツも全部そうです。だから、ドイツなんか生活保護に多く充てられているのがトルコ人などの移民になってしまっている。だって国籍を与えてしまうからね。そっちの問題なんだ。

家制度は文化

――先ほどの話に戻るかもしれませんが、ヨーロッパが復活するためには、ヒューマニズムではなくて、キリスト教という話をされました。日本にとって日本が復活するための宗教と言いますか、教えは先生自身は何だと思われますか。

執行　それは何度も言うように、まず哲学的にも思想的にも武士道しかない。哲学と思想は、です。それで、歴史的な形としては大家族主義しかない。大家族主義は、縄文時代から一万年以上続いている日本の基底文化なんだ。つまり家意識の回復だよね。大家族主義というのは、間違えては困るけれど、親子でも血筋でもないということなんだ。家族だと認識した者が家族だというのが大家族主義です。要は現代のように血縁にこだわっているのは大家族主義が壊れてからなのです。昔の武士の家とか商人の家で繁栄したのは、あれは跡継ぎをいくらでもつくれるからなんだ。養子とかでね。その代わり例えば、商家で優秀な使用人を主人にして、名前は襲名させて継がせるとか、そうやって「家」を守ったわけです。その家意識が大家族主義なのです。だから実は血縁にはこだわらないということだ。まあ、血縁ならより良いということだけだね。だから、ここの誤解が今の日本の馬鹿なマイホーム主義を生んでいると言えます。血縁の家族は「絶対」のようなね。何でも家族は全部良いという感じですね、今は。今の時代ほど、馬鹿息子に会社を継がせたりする時代もない。江戸時代なんかは、もっと厳しい。馬鹿な子どもに家を継がせたら、家は潰れるに決まっている。そんなことは誰もしない。

今の日本は逆に、その血縁すら軽視している。いわゆる先祖とか本家とかをね。目に見える親子だけです。これは、単細胞ということだ。分家だとか、昔の日本人は言っていたけれど、全く今はない。直の子どもだけです。だから、動物と一緒だよ。血統だけしか考えない、全く競走馬だ。家制度は文化なんだ。だから、それにはやり方がある。

外国とのつき合い方

――武士道についてはよく分かりました。さらに仏教や神道の日本の社会の復活への役割というのはいかがでしょうか。

執行　仏教も神道も単なる宗教ということではなく、武士道の一環でなければ駄目だということです。仏教も神道も、全部武士道の一環として日本人は理解している。だから、武士道が生き残っていたら、実は明治に流入したヨーロッパ文明も武士道の一環としてその下に入るから良かったんだよ。武士道を除いてしまったので、流されることになった。千年前、アジアで中国文明に冒されなかった国は日本だけだった。あれは武士道が日本にあったから、中国の文物が入ってきたときに、漢文を作ったのと同じで、中国の知識だけ取って日本的なものに全部変えてしまったからなのです。魂は中国に渡さなかった。だから、英語も全部漢文的な受け容れ方がいいわけです。明治時代の日本の英語教育というのは、ある意味じゃ世界で一番成功したと言われている。英語という言語を通じて、欧米文学とか欧米の学識を最も取り入れたのは日本だった。

でもその取り入れた時代というのは、読み書きだけなんですよ。それで、明治時代の参考書を見るとね、あれは漢文ですよ。文法のあれがこうで、これがあっちにかかってとかね。あれ、漢文の訓読です。あの教育法で日本は大成功した。アジアの植民地は全部、耳から入るから、あれはキャビンボーイ・イングリッシュといって、植民地の人間が白人におもねるだけのものだった。日本だけが、死ぬほど勉強してもしゃべれないみたいなことが起きたけれども、これは仕方がないんだ、漢文だからね。漢文というのは、いくら勉強しても中国語はしゃべれない。だからいいんだ。中国語でくだらないおしゃべりをしないからかえっていい。そこがいいところで、中国文明の「高度な部分」とだけ接触できるんだ。

――例えば英語なら英文学を読むことに価値がある……。

執行　そうだ。私は英・仏・独、全部、読み書きしか出来ない。英米人としゃべれないから、つまらない会話をしないので、ちょうど助かっているよ。でも英米の哲学書、文学書は、山ほど読んでいるから、英米人でも私ほど読んでいる人と会ったことはない。私は中一から高三まで、学校の英語は一番だったからね。

――最近、欧米人が日本的な武士道を含めた東洋思想に目覚めていると、私は逆に思っているのですが、日本人が知らないというか、それについて気づいていない。どんどん西洋思想にばかり影響されていて、欧米人の方が逆に日本、東洋について求めている。

執行　それについてはもともと日本はそうだよね。明治時代に日本に来たフェノロサの頃から欧米人に言われて日本人が気づくという順逆の道をたどっている。これは、大家族主義だから仕方がない。日本は永遠にそうだ。これが大家族主義の欠点だ。大家族主義というのは、家族の持っているいい点は、分からない。本来はだから、家族と言うんだ。日本は永遠に自分の国とか、自分が持っている良さは認識できない。認識できるということは、家族主義を捨てたということになるんだ。それを「第三者的」に見る目を持つということだからね。

――江戸時代だったら、それこそ鎖国したりだとか、欧米人が来ない時代だったらまだよかったかもしれませんけれど、今は欧米人もアジア人もどんどん日本に来ていますし、外国とつき合っていかなければいけないですよね、これからは。

執行　いけないということはないよ。全くつき合う必要なんかない。いけないと思っているのが間違いなのです。もうそこで外国ペースということになっている。思考停止ですよ。フッサールの現象学では、そういう状態を「エポケー」と言うんだ。つまり、自分で理解していない。思考停止になってしまっている。テレビの影響でしょう。だから私みたいにテレビなんか観ない人間は影響を受けていないので、外国人なんかと話す必要ないじゃないかと言っているのです。逆になんで話すのかと思えばいい。話さなくても何にも困らないよ、別に。また好きで勉強したければ個人的にどんどんやればいいだけだよ。

——でも、こっちがつき合いたくなくても、向こうが出向いてくると思うんですよ。そのときに僕らが鎖国して「つき合いません」と言えればいいんですけれど、そのような場合は……。

執行　いや、ほっといていいんですよ。じゃあ何でほっとかないかというと、いろんな人を見ていると、やっぱりうまくやりたい、好かれたい、儲けたいからなんです。そういう気持ちがなかったら、別に、向こうが日本人とつき合いたいと思って来て、日本語も勉強するとかしたら、その人とつき合えばいいだけだからね。別に自分がしゃべれる分ぐらいしゃべってもいい。そんなギャーギャー言ってやることではないです。自分が出来る範囲でやればいいという程度の問題だよ。向こうだって日本が本当に好きで来ているなら、日本語ぐらい少しは勉強するでしょう。その前に、なんでそんなにつき合いたいかの問題なんだよ。私が皆に言っているのはそれなんだ。つき合いたいと思うその潜在意識を私は若いときから皆に問うているわけなのです。それは今言ったことなんだよ。日本の場合には、やっぱりビジネスマン的な儲けたいというのがある。それを取ってみなさい、と言っている。取れば、外国人とつき合いわれはなんにもない。

――ちょっと反論に近いんですけれど、戦後約七十年間、日本のものづくりとか、農業生産物の低下で、外国とつき合わないとやっていけないというような状況下にあると思うのですが……。

執行　それはそういう状況にしてしまっただけだよ。日本人が経済優先の金儲け主義の道を突っ走っているうちにね。だから、今後それを変えればいい。我慢するところは我慢してね。もう一回つき合わないでやる方法を見つければ、全くつき合わないですむ。別に、やり方の問題だけなんだ。例えば、今の自民党の原発と同じだ。原発がなければ、電力が供給できない状態をつくっておいて、原発がなきゃ駄目だという理論は成り立たない。今の日本人が言う理論は全部それなんだ。今のやり方だと原発がなくなってしまうと電力が供給不足になるということは、分かっているんだよ。だから、違う方法を考えろと言っている、私はね。でも風力にしたって、ソーラーにしたって、自民党はやる気がないのが分かりますよ。あれは選挙のために言っているだけで、本気じゃない。ソーラーなんかも、実際に国を信用してやっていた会社が潰れそうですよ。要は原発なの、自民党がやりたいものは。アメリカに裏でおどされてね。これは政治家ではなくて、金儲け主義に走っている日本人全体の問題なんだ。金儲け主義を捨てなければ駄目なんだ。金儲けを捨てて考えてみれば、もう一回日本の伝統に則ったやり方で、いくらでも豊かな社会をつくれるということを言っている。その間に一時期、皆が損害を被るのは、まあ我慢するしかないということです。

学校教育は関係ない

――先生の本の中で、人間最大の価値は、自分の生命よりも大切なもののために生きるとあります。先ほどの幸福の話とも関連するかと思うのですが、明治時代の人はそういう生き方が出来たと、それはそういう教育を受けてきたからなんだと思いますが。

執行 それは、そう思います。ただ教育というのは学校教育とかじゃないですよ。要するに社会全体の風潮というのかな。さっきの道徳じゃないけれど、まだそういう風潮を教える社会もあり親もいたということです。学校は、知識しか教えられないということですよ。だから、逆に知識を教えなきゃ駄目なんです。

――今の時代で人のために命懸けというような、そういう価値を復活させるには、学校教育に関わる者としては具体的に、どういう方向に向かえばいいのでしょうか。

執行 だから、自分の生き方だけだよ。学校教育は関係ない。皆に言っているけれど、学校教育は行政の問題だから。行政とは国が税金を使ってやっている仕事です。自分が職業として先生を選んだとしたら、文部科学省の言う通りやらなければ駄目ですよ、学校の先生は。これは会社でもどこでも、入った会社の言う通りにやらなければ駄目です。いい、悪いじゃない。人間はそうやって生きてきている。でも今あなたが悩んでいるのは、道徳論なんです。今の道徳だったら、文科省がこれを教えなさいと言った道徳以外は教えられない。それ以外のものを教えようとするなら、自分がそう生きるしかない。運がよければ、子どもや、知り合いの中で、何人かは「感化」を受ける。何人かに感化を与えられたら、その人生は大成功です。人間の人生というのは、三十年、四十年と続いて行くから、自分が生きてきたものが友達であろうが、自分の子どもであろうが、誰かがその背中を受け継いだら、その人の人生は大成功だと私は思っている。それと学校の先生が学校で教えることは別問題なんだ。これは会社の仕事と同じで、そのときに文科省が何を教えろと言っているのかをよく勉強して、その通りにやらなければ駄目だ。税金を投入しているんだよ。自分の身銭じゃないってことを考えなければいけません。自分でやりたかったら、個人の塾を開かなければ駄目です。私塾だよね。このような人生のけじめこそが、根本道徳です。

　だから日本が例えば今戦争を始めたら、戦争指導をするのが義務教育の学校の先生の役目なんだ。当たり前じゃない。日本が戦争をするのに、戦争反対なんて言ったら、その場でクビに決まっている。クビどころか、戦前だったら特高に引っ張られて殺されてしまう。それは悪いことではなくて、それが公務員というものだよ。公務員というのは、国家の税金から給料をいただいて、国の施策をやるものなんだ。いいとか、悪いとかいうことじゃない。でも先生方の悩みは道徳問題なんです。道徳というのは心の問題だから、これは制度には出来ない。一人ひとりがやるしかない。それで、一人が一人に影響を与えられたら、大成功です。私が学んできた歴史上の人物は皆そうだよ。二人か三人が自分の志を引き継いだら、大人物です。私も、私の志を継いでくれる人がいるかいないかは分からない。死ぬまでやるしかない。結果を見ることは人間には出来ない。これは皆そう。先生方も皆そうだよ。だから学校で生き方を教えようなんて、とんでもない話だ。かえってやると、さっき言った教条主義になっちゃう。押しつけだよ。また教育勅語に行きつくのが関の山だ。変なおじさんになるだけだよ。逆効果もはなはだしい。

——一番ぐっときます（笑）。

執行　だって押しつけでしょう。明治の教育勅語をやらせて、あんなの拷問ですよ。私は教育勅語は大好きで、家で自分一人で大抵は親を思い出して読んでいるんだけれどね。大きい板で、銅のものを持っている。それは自分と明治帝とのつながりなんだ。明治帝が、国民一人ひとりの魂に対して下賜《かし》したものが教育勅語だ。教育勅語を自分が夜一人で読むときには、明治帝の心と対面していることになる。私は明治帝が好きだから、教育勅語も好きなんだよ。教育勅語の内容は、良すぎるのが欠点だ。道徳的過ぎるんだ。しかし、自己の戒めに使うのには大変いい。道徳は、そういうものなんです。

——いいから、戒めて、それを読んで、ということですか。

執行　そう。反抗するんじゃなくてね、そんなこと無理だと。私はまだ出来ないということを知るためにも必要なんだ。

——出来ないって思いながら読んでいるのがいいということですか。

執行　そうだ。あれすべてが出来たら、昇天ですよ（笑）。あそこに書いてあることを全部出来たら、それこそ仏様だ。出来ないのが当たり前だよ。ただね、あれを読んでいて出来ないということを分かっている人と分からない人とでは、やっぱり人生には差があるということなんだ。

『テンペスト』から

――シェイクスピアの『テンペスト』の話なのですが、プロスペロが「プロスペリティー」から来ているという話に大変興味を持ちました。プロスペロの娘のミランダの語源を調べましたら、「不思議」とか「栄える」という、ワンダーというラテン語からおそらく来ていて、称えるとか、ミラクル、奇跡を起こすという語源だったんです。

執行 それは知らなかったな。

――ミランダの台詞の中に、「人間はなんて美しい、すばらしい新世界」というような台詞とプロスペロの「お前にはすべて新しいからな」というような、吐き捨てたような台詞の対比がありました。その新世界というのが、松下幸之助が作ってきた家電製品を我々が初めて見たときの、「ああ、なんて新しいのか、これから新しい世界が広がっていく」という新しい世界と、プロスペロが「宴は終わった、地上のありとあらゆるものは、いずれ消滅し、跡形も残しはしない。我々は夢と同じ材料で出来ている。この短い人生は眠りで包まれている」という世紀末的なものが同時にあるのではないかと……。

執行 そうだね。それが、世紀末というか、さっき言った松下幸之助が幸福を認識したときの幸福と、今の人が思っている幸福とは違うんじゃないかと言っていることなんです。それは循環思想が分かるかどうかの違いなんだ。そういう人間世界の循環だよね。それをミランダは表わしている。そして幸福という言葉にも絶対値はないということを言っているんだ。

――プロスペロが、繁栄の象徴だと先生が仰ったのと、娘のミランダがまさに人間をそういう風に「つながり」として見ているのを言っていたのかなと思いました。

執行　全く正しい認識で、なかなかの文学の読み込み能力がありますね。今のことは文学の読み込み能力がなければ分からない。普通の人は読んでも分からない。これは私が文学好きだからということで分かるので、あなたも文学が好きなのかもしれないね。『テンペスト』について本当に読み込んでいますよ。

――『テンペスト』の話を伺ったときに、色んな語源というところで、松下幸之助もそういった語源の意味を考えているのではないかと思ったんです。執行先生が仰っていた、『テンペスト』とはどういう物語なんだろうと考えてみたときに、やっぱりそれぞれの配役に意味があることに気づくんです。シェイクスピアの喜劇の台詞とかを見ると、予言の書のようにも見えます。

執行　シェイクスピアというのは、人間が持っている潜在意識を全部分析して、その潜在意識を配役に割り当てているんです。だからあの文学はすばらしいんだ。シェイクスピアの、例えば『リア王』なんて特に好きだ。私はあそこには武士道を感じる。だからこそ、シェイクスピアの文学は偉大だと言われている。すばらしいよ。あれを読み込めば、人間社会の予言が出来るようになります。

――松下幸之助が魔法使いということですね。斬新な松下幸之助の解釈でした。

執行　魔法使いだということを言いたいがために、『テンペスト』の話を持ってきたんです。でも、シェイクスピアほどの天才が、今言った繁栄の意味をしゃべるときに、配役に「プロスペロ」というのをつくって、繁栄と同じ語源にしているということは意味があるということなんだよ。それで今度は、松下幸之助というのは、自分の人生哲学の中で、繁栄の真の意味を知っている人だということが分かるということを言っている。

ＰＨＰ理念は時限立法

――現代になって、ＰＨＰ理念としては、これからの夢を決めなければいけないと先ほど仰ったんですが。

執行　そうです。あれは時限立法だからね。時限立法は、その時代、その時代で立て直さないと駄目なものなのです。

――ＰＨＰ理念としては今後どんな夢を、どう立てていくのかということにおいて、進化思想、似非《えせ》民主主義にすでに塗れてしまった時代で、それを創り出すのは非常に困難がつきまとう気がするのですが、そのことについてはどうでしょうか。

執行　ずっと話しているけれども、「その中」で考えようとしたら困難だよ。だから、捨てなきゃ駄目だということです。見破らなければいけないということですよ。進化思想が何であるかを。簡単に言うと進化思想の中で、正しい進化というのは宗教的に言うと魂だけなんだ。魂は、無限に神に近づいていかなければ駄目なんだ。これが、キリスト教も仏教も全部、進化思想の根源なんだよ。ところが、ヒューマニズムの時代からヨーロッパが、物質の発展に進化思想という言葉を使い出した。だから宗教的に正しかったものを、どこまでも物質的繁栄を行なっていいんだということにヨーロッパがすり替えたのです。

デカルトの二元論というものだ。それは、心と体を分離したことによって生まれたのです。それをやったら、嘘のように便利な考え方だった。何しろ人間の尊厳を認めなくていいやり方が見つかったのだからね。それで物質科学が発展して、ヨーロッパは世界を制覇した。日本は全部古い思想で、人間の生き方と心の問題と物質というのは切り離せなかった。だから、アジアの国々もアフリカも全部ヨーロッパに後れをとった。武器を製造する科学技術でヨーロッパは大成功したんだ。物質全体に進化思想を持ってきたことによって、ヨーロッパはさらに成功した。そして、ついに原爆を作り非還元物質（プラスチック等）を生み出したんだ。今は世界中がそうなっている。ヨーロッパ・コンプレックスによって、世界中の国が今では物質を神だと仰ぐようになった。

だから、どこまで成長してもいいと思っているのが今の思想なんだ。人間に罰を与える神はいなくなったからね。それを進化思想と今では呼んでいる。物質というのは無限循環といって、地球上で還元できるものを、無限に使っては捨て、使っては捨て、捨てたら土に還り、腐ってはまた捨て、これを繰り返すのが本当の物質思想なんだ。ところが今の経済成長思想とか、原子爆弾まで行きついた物質至上主義というのは、本来は魂に適用されていた進化思想を物質に当てはめたので、物質がどこまで進化しても正しいということになってしまった。それを欧米が言い張っていたんだ。これが間違いの始まりになった。

物質というのは、自然の中で循環しなければ駄目に決まっている。だから、進化思想がなければプラスチックなんかも出来ていないんだよ。あれは自然に還元できないんだからね。もう自然には戻らない。そういうものを、今どんどんどうして作るかというと、無限に物質が進歩していくのを全部是としているからなんだ。これを何で否定できないかというと、宗教的に認められている進化思想と重なり合わせているからなんだ。進化していいんだとしてしまった。でも、それはキリスト教の神も、仏教やなんかのいろんな神も、魂のことを言っているということを忘れさせられている。

魂というのは、これは滅びるまでは、人類は神に向かって無限に進化していかなくてはならないものだ。多分、人類はいつかは滅びる。何億年後かは知らないけれども、滅びるときには神に最も近い状態に近づくだろうと言われている。私の尊敬するテイヤール・ド・シャルダンというフランスの哲学者は、その地点のことをちゃんと言っているよ。宇宙の中心に、人間の魂だけが集約して天体が出来るとね。それを「オメガ点」と言っている。私はそこに行くつもりなんだ。でもこれは魂の話。だから魂は進化していい。そこにヨーロッパ人が「物質もいいんだよ」ということをごまかして入れたんだよ。ここから、ヨーロッパの無限発展が始まった。それが今に通じている、この五百年間だ。ヒューマニズムから生まれた思想だよ。これがヒューマニズムと進化思想の全部だ。その間違いを、私は本にも書いているんだ。

人類の過ち

――今仰った間違いに人類が気づくということは可能なのですか。

執行 それは分からないね、私には。気づいた人間が努力して、体当たりで死ぬまで訴え続けるしかないのではないかな。私はそれをやっているけれども、それが皆に分かるのか、分からないのか、そんなことは全然分からないし、私は考えていない。通じないなら、やらないということは考えていない。やるしか人間の人生はないと思っている。分かったことを全力でやるのが人生というものじゃないか。

――少なくとも進化思想に陥った人間は「オメガ点」には生まれないということでしょうか。

執行 それは当然だよね。これはもう宗教的には地獄に行くということで、現代人はほとんど地獄だよ。もう間違いない。全員、地獄に堕ちる人生を送っている。宗教心なんか全くないのに、現代人は皆、自分の家族が死ぬと「天国にいる誰々」とか言っているじゃないですか。あれ、勝手に言っているんだけれど、潜在意識の研究をすると「勝手」じゃないと分かるんだよ。特にユングを研究するとね。あれは地獄に行ったことの反証なんだ。実は地獄に行ったと思っている。分かっているから、天国に行ったと勝手に言って自分を慰めているんだと思う。

天国や極楽というのは、キリスト教やイスラム教または仏教の信仰を持っていない人間がもともと言うものじゃない。昔はキリスト教圏、カトリックだとそれを言う権利があるのは司祭だけだからね。だからカトリックの司祭に「天国に行け」と言ってもらうために、皆、何か秘《ひ》蹟《せき》を受けたりするわけなんだ。勝手になんか行けないんだよ、天国は。

――昔の日本のお医者さんとかお坊さんは、人が死ぬと「陥《おち》りました」って言っていますからね。地獄に堕ちたということですね。

執行　基本的には、ほとんどの人間が天国なんかには行けない。ほとんど大半が地獄に決まっているのです。今の人は、九九・九％が地獄です。それは特に物質主義、進化思想に冒されているからね。進化思想というのは、その思想自体が「地獄の思想」なんだ。仏教で言う餓鬼道だよ。さっきも話に出た、我利我利亡者ということだ。つまり地獄の住人だよね。だって今は、我利我利亡者が「生き仏様」とか呼ばれているのだよ。あんなもの、いいのかなと思って見ているんだけどね。好き勝手やって、美味い物ばかり食いましょうと言っている、尼さんのことだよ。九十歳過ぎても性《しょう》懲《こ》りも無いと私は思っているね。少なくともあのような生き方は貶される世の中でないとおかしいよ。

――とあるお坊さんが面白い話をしていて、昔は犬は軒下で、猫は縁側だったけれども、最近は犬猫も全部家の中に入るようになって、しかも服を着るようにもなったというのは、逆に人間が畜生道に近づいたから、と。

執行　当然だよ。坊さんじゃなくても分かるよ、そんなこと。人間が、自己の尊厳というものが見えなくなったということだ。まさに畜生道だ。さっきの餓鬼道と一緒で六道の地獄のことだ。ペット文化というのは、人間が同列になったということを表わしている。

――逆に堕ちたということですね。

執行　当たり前ですよ。笑い事じゃないけれど、今、墓にも犬猫と一緒に入る。あれ、昔だったら「とんでもない話だ」と教えるのが坊主の仕事なのに、今は坊主が金儲けでペットと一緒のお墓をつくっている。あれは動物霊といって、最も低級霊だからね。ましてや、犬猫なんて土に戻してやるのが文明なのに、人間と同じ墓に入れるなんて動物の幽霊になるし、本当になっていると私は思っている。文明の崩壊の予兆以外の何ものでもない。

地獄の無限発展

執行　動物に堕した人間によって、原爆なんかが出来るんだよ。原発だってそうだ。原発なんて福島なんかを見たら震え上がるよ。関東平野は何か殺伐としているけれど、福島に行くと山野がこみ入って、起伏があって、すばらしい、日本的な情緒があるところなんだよ。ところがさっき言った、佐々木孝先生のところは南相馬だからね。私は福島まで行って、福島で自動車を借りて一時間半かけて、南相馬まで行ったんだ。この間、福島市から南相馬までの両脇の農地、土地、全部死んでいるんだよ。山はほとんど変な枯れ方をしているし、農地は全部使いものにならない。表土を全部剝いで積んであるんだけれど、あんなの、この世の地獄ですよ。あれを見て、まだ原発をやろうとするんだから、頭がどうかしている。車で一時間半の間の土地が全部死んでいるんだよ。

――正しく報道もされないんですからね。

執行　もともと正しい報道はない。したとしても全部欲目だね。まあ、大きなことは言えないけれど、私も佐々木先生の件で行くまではあんなだとは思わなかった。やっぱり目撃しないと分からないよ、あの悲惨さは。でも、あれも全部原爆まで行きついた進化思想のなれの果てなんだ。進化思想の頂点が原子力だからね。あと、プラスチックとか、還元不能の高分子化学など、全部進化思想の一環だよ。

――もう人類はすでにプラスチックも作ってしまったし、原子力も作ってしまったので、人類としてはうまくつき合っていこうとする姿勢が必要なのでしょうか。それとも、逆に、どうにかしてなくす方向でしょうか。

執行　そりゃあもう、なくさなきゃ駄目だ。もう、つき合えないよ。つき合えるものは循環思想だけなんだ。つき合えないものだということが分からなければ駄目だと思う。あれはもう人類の犯罪だと分からなければいけない。進化思想は人殺しで、だから死刑にしなければ駄目なんだ。つき合えるというのは、娑婆《しゃば》にいる人間同士だからね。娑婆にいる人間同士というのが循環思想のことだよ、物質で言えば循環思想に入るものは、還元力を具《そな》えているというのが条件なんだ。ともかく自然に戻ることが出来る。ある程度の年月はかかっても自然に還元できるものが循環思想の臨界点を決めている。この限界をぶち破ったのが進化思想、無限成長だよ。今、だから経済も進化思想だろう。無限の経済成長を望んでいる。もう経済発展、経済発展で、どこまで発展すりゃいいのか。だから、国家そのものが我利我利亡者なんだ。もう発展の限界を弁《わきま》えない。お金ならいくら貯まったら貯金をやめるのかという話だよ。誰ももう限界点を打てない。だから地獄なんだよ。すでに日本も、アメリカも、全部地獄にいる。無限発展思想が地獄なんだ。そんなこと、ちょっと平衡感覚があれば分かるよね。もうすでに、皆、地獄に住んでいるんだよ。だから「天国に行った、天国に行った」と言うんだよ、家族も。それ自体が地獄にいる証拠なんだ。大体、人間というのはそういう反対のことを言うもんなんだよ。現実を忘れたいからね。酒を飲む心と同じだ。

——だから不幸も幸福も、平和も戦争も、何かよく分からなくなってしまっているんですね、現在は。何が不幸で、何が幸福かということが、混沌としてしまっている。

執行　もちろん、そのようなことも一つは言えるよね。しかし、まあ根本で言うと、さっきから言っているけれども、不幸とか幸福というのは、基本的には心の問題で、形がないんだ。だから、その人が不幸だと思えば不幸、幸福だと思えば幸福なんだ。それを幸福一辺倒に決めようとしている。それが進化思想なのです。幸福の形をつくろうとすると、今言った物質主義の進化思想に陥ってしまう。だからＰＨＰ理念で「幸福」というのをやるけれども、それには形がない。だからこれからは貧しさだろうと私は言っている。

江戸時代には戻れない

――先生のお話をお聞きしていて、鎖国がいいイメージになりました。江戸時代の町は失業率も低くて、すごく町全体が安定していた……。

執行　江戸時代というのは、循環思想を政治が行なったときだからね。

――それで、大家族主義というのも活きて、商人もそういうものを持っていたんですね。もちろん武士もですけれども。先生のなかで、日本の江戸時代というのは、今どういう位置づけなのでしょうか。そっちへ戻っていく方がよいのでしょうか。

執行　根本的に言うと、時間を戻すことは出来ないんだよ。江戸時代みたいな世の中に戻そうとすると間違うよ。ただ、江戸時代の根源的に良かったものは何かということを捉えて、未来に向かって投じなければならないということだろうね。江戸時代の一番良かったことは、それぞれの人間に弁えがあること、家族主義があること、それから循環思想があることなんだ。それと、何よりもすばらしいのはその結果として真の平和があることだと思う。三百年近く、全く戦争もしたことがないというのは、歴史上を見ても日本しかない。これは江戸幕府のすばらしい力なんだよ。

ところが、江戸時代を見れば誰でも気がつくと思うんだけれど、最も「苛酷な社会」でもあったんだよ。嫌なことも多かったということだ。だから、差別まで含めて嫌なことは、実は平和の代償として必要なんだということなんだ。これが分からないと、すべての思考に意味が無くなってしまう。

楽しいことは戦争に結びつくと思った方がいい。だから、金儲けをすれば戦争が起こる。金を儲けなければ、起こらない。日本は大東亜戦争に負けるまで、明治時代から五年から十年に一度は戦争をした。富国強兵と言って、豊かに伸び、一流の国になろうと思ったから戦争の連続になったわけだ。それで、最後に金儲けの親玉だった英米に負けたわけです。

江戸時代は、確かに不自由だった。ところが、最も強い権力が平和を維持していたんだ。だから皆、何にも言えない。何か一言でも文句を言ったら、「お上にたてつくのか」と言われて終わりだからね。今の人なんかとても受け容れられないよ。でも、それが平和を維持した力なんだ。そこのところを考えないと、平和も幸福も何も、実際価値にはならないということなんだ。今の日本人は、それを分かってしゃべっていないから、平和も幸福もらちがあかない。平和と幸福は、とてつもない統制の下に行なわれるということが分からなければならない。

ヨーロッパでも、商人で五百年、六百年続いている家がある。あれは領主の厳しい支配が全部に行きわたってあったから続いたんです。ヨーロッパの中世は千年間戦争と言っても、今みたいな大戦争はない。小競り合いしかない、ちょっとした喧嘩だよ。だから平和とは何か、戦争とは何かというのは、そういう多方面から考えていかないとならない。松下幸之助の言う「平和」も、戦争が終わったあとの、戦争でさんざん苦労した人間が言っている「平和」なんだよ。それを分からなきゃ駄目です。今生きていたら言うわけない。だって、今は別に平和が全然ありがたくないからです。人々が求めるものじゃない。もう「夢」ではないんだ。

――不条理というか理不尽なものを受け容れるというのも、ある意味、江戸時代の身分制度とかそういったものも一方的に悪いことだけではないということですね。

執行　そう。江戸時代は、調べると分かるけれど、不合理ということではあんな不合理な時代はない。だって、読む本も全部決められていてね。だから、明治維新になったときの青年なんか、本を読めば分かるじゃない、あの喜びようは凄いものがあった。だって、どこか違うところに行ってもいいとか、「あの本が読める」とかね。西郷隆盛なんかも言っていますが、三百年間身分によってやっていいことが決められていたわけだからね。読む本とかも決められていた。その喜びの爆発的な力が明治維新を生んだ。日露戦争までの明治のことです。

抑圧から生まれる自由

執行　誰が見たって、日露戦争までの明治は躍動しているよね。日露戦争以降は、同じ国かと思うくらい駄目になって行く。明治のすばらしさは、何かというと、鬱屈していた精神が革命で解放されたことなのです。だから、明治維新のパワーというのは凄いんだ。抑えられていたのが一代や二代じゃないからね。三百年近く抑えつけられていたわけだから。その恨みというか、先祖の恨みのパワーから来ているのです。明治維新の原動力は下級武士です。下級武士や足軽は、武士の社会の中では大変な身分差別を受けていた。だから、坂本龍馬と中岡慎太郎の会話でもありますが、有名な映画『幕末』で萬屋錦之介《よろずやきんのすけ》が坂本龍馬になっているのだけれど、錦之介が明治維新の原動力として、抑えつけられていた下級武士を演じた。明治維新の原動力というのは、実は上級武士に対する僻《ひが》み、コンプレックスなんだということが表わされていた。その僻みの言葉を中岡慎太郎が言うんだよ。そのときに坂本龍馬が「それを言うなっ！」と言う場面がある。「それを言ったらすべてが終わりじゃないか」と言うんだ。それが真実だ。それくらい抑えつけられている世の中だった。でも反対に言えば、それが三百年の平和をつくっていたんだ。この問題を考えないと、平和論と戦争論、そんなものは考えられない。もともと自由が戦いを生むんだ。だから実は戦いとか戦争を嫌だと言っている人は、それこそ自由の放棄だということなんだよ。それに気がつかないといけない。

私は、戦いはちっとも厭《いと》わない。個人的戦いも戦争も何も、どんな戦いでも戦い抜くつもりでいるけれど、それは何よりも自由を重んじているからに他ならない。人間の最も尊いものを一つ選ぶと言ったら、自由しかない。だから最も好きだった親父とも、死ぬまで対立したということですよ。親父の人生観を受け容れたら、私の自由がなくなるからなんだ。和解もなく、そのまま死に別れた。しょうがないと思っている。そこまでしても譲れないものが自由だということだ。そこを考えないと、平和論と戦争論は出来ない。

——先生の本の中に、「自由とは抑圧された中から生まれた創意工夫だ」という言葉があります。私は一番そこが好きですね。

執行　そう。そういうことなんだよ。それしかない。私はピアニストのグレン・グールドと対話したことがあるんだけれど、グールドが私に言っていたことがある。鍵盤八十八鍵のなかの自由ということだ。八十八鍵に制約されているなかに無限の宇宙がある。その宇宙の面白さに挑戦したのが自分の人生だった、と。だから世界的なピアニストになったんだよ。八十八鍵で抑えられているんじゃなくて、八十八鍵に宇宙が集約されているということに気づいていた。ピアノというものを考えるなら、そういうことなんだ。そう思わなかったら、ピアノから宇宙的な音楽は生み出せない。グレン・グールドが世界最高のピアニストと呼ばれた理由は、多分そういうところにあるんだと思う。制約があるから自由が生まれる。グールドは、そのなかをまっすぐに生き切った。

今までとこれからの日本

――もう一度戻ってしまいますが、西郷隆盛と大久保利通の話で、日本は武士道を捨てた、またはある意味で捨てる方向に向かってしまった。そして日露戦争以降、浅はかな西洋主義がはびこってしまったということでした。その辺のところを詳しくお聞きしたいのですが……。

執行　日露戦争の勝利後がいけない。大正デモクラシーと、それに輪をかけて一番いけないのが第一次世界大戦で金儲けに走ったことだ。皆知っていると思うけれど、日本は「漁夫の利」を得た。ヨーロッパが苦しんでいるときにね。他人の弱みにつけ込んで一儲けした国が日本なんだ。あそこで日本人は皆、腐った。戦争の旨味を知ってしまった。漁夫の利といって、人を泣かせて自分が金儲けしたわけだよ。ヨーロッパが第一次世界大戦で塗炭《とたん》の苦しみを味わっているときに、ヨーロッパ人を助けるならいざ知らず、助けるどころか、ヨーロッパが麻痺しているのをいいことに、めちゃくちゃ儲けたのが大正デモクラシーを作り出す資金源になったんだ。あそこから確実に日本人は英米に叩きのめされないと思い知ることが出来ないほど、傲慢な民族になったということなんだ。

——ということは、そういった国になってしまった日本は、逆に第二次世界大戦で負けて良かったということになりますね。

執行　ああ、そうだ。当然だよ。あれは神罰だと思っている。あれは、「英米に負けた」とは口では言っているけれど、英米に負けたとは私は思ってない。傲慢になった日本民族に下された神罰だと思っている。勝手に負けて、滅んだ。

——あのまま勝っていたら、どんな国になっていたのでしょうか。

執行　まあ、勝つことはないけれども、勝ったら今よりもっとずっとひどい国になっていた。だって日本の軍国主義なんて、負けると分かっている南方の島々で、誰も引き揚げさせないで全員玉砕させたんだよ。あんなの人間じゃないです。

——そうさせた国の魅力というのは凄いですね。当時の国の魅力は。

執行　それは魅力じゃない。あれは暴力ですよ。軍国主義者があまりに国民を痛めつけたからこそ、戦後の反動としてのアメリカ礼賛を助長してしまったんだ。魅力でやる段階は、日露戦争までだ。その証左というのは本にも書いているけれど、私は旅順での第三軍の調査もだいぶしたのだけれど、日露戦争までは家族が死んだ人、それから障碍者になった人、誰一人として愚痴を言っている人がいなかった。そして全員が旅順で、戦死、戦傷したのを誇りにしていた。子孫にもお会いしたけれど、私が大学生のときに、随分、フィールド調査をしたんだ。それに引き替え、大東亜戦争では全員が国を恨んでいる。この違いが戦争の質の違いなんだ。大東亜戦争のときは、めちゃくちゃな神がかりの命令ばかりだった。でも日露戦争のときは、本当に国家のために自分たちが命を捨てたわけです。その違いだということなんだ。

大東亜戦争のときも、日本人は皆が言っていた。日本人全員が本当に命を捨てて、西洋の支配からアジアを解放すると言っていた。西洋の帝国主義に「大東亜共栄圏」を作って対抗すると、日本国家は謳っていたじゃない。アジアを解放するとね。あれが本当だったらすばらしい国だよ。でもあれは全部が嘘だった。要は西洋のまねをして、自分も金儲けの尻馬に乗ろうとしている戦争だったんだ。だから死んだ人は、全部が犠牲者だね。南方なんかもう話にならない。インパールもね。インパールなんてあれは狂っています。

――殺人ですね。

執行　もちろん、そう。そういう違いがあるということだよ。じゃあ何でそうなったかというと、やっぱり昭和陸軍とか海軍は、大正デモクラシーで魂を失って、傲慢になって「我々は世界的な民族だ」と思い上がっていた。だから「他の国を征服する権利がある」みたいな、そういう馬鹿げた増長があの陸海軍を生み出したんだ。戦争に引っぱられた兵隊なんか可哀想ですよ。

――話はまだまだ途中なのですが、時間が来てしまいました。最後に先生から今回の会の総括をお願いいします。

執行　それでは最後に、人間はすべて自分の人生を貫き通さなければなりません。私は割と貫いて来たと思っています。私は別に優れているわけではなくて、自分の人生を本当に貫いて生き切って来ただけです。それだけが、まあ私の長所と言えば長所なんです。自分の人生を生きれば、皆、人間というのは大したものなんです。私はそういう意味で、大したものだと思われている。命というのは凄いものだからね。誰でも大したものなんだ。皆、宇宙の生成発展のエネルギーが凝縮して生まれて来たんだからね。これは全員だ。私はその力を死ぬまでずっと出し続けようと思って生きているんですよ。それをいつでも「体当たり」と言っている。結果は分からない、どうなるかは。どうなってもいいと思っている。「体当たり」をし続けることが出来れば私の人生は成功だし、出来なくなったら、自分が人生に負けたんだと思う。私から学ぶことがあるとすれば、それだけでしょう。それをしっかりと摑んでください。それを摑めば、そのもっと大がかりな生き方が松下幸之助だと分かります。そして、それぞれの人が、自分自身の「体当たり」が松下幸之助のように出来るようになるのです。それでは今日はありがとうございました。

――本当にありがとうございました。会の初めと終わりでは皆の顔が全く違っています。PHP理念の本質と執行先生の思いをそれぞれに受け取ったと思います。お疲れさまでした。またよろしくお願いいいたします。

第二部

「新しい人間観の提唱」と現代

二〇一八年十月二十七日、公益財団法人松下政経塾にて

序文

松下幸之助は、「ＰＨＰ理念」の提唱とその運動に邁進《まいしん》した。その日々は、日本の復興と歩調を合わせ、幸之助に新しい青春の息吹きをもたらした。焼け野原となった日本に再び生命が宿り、その回転が力強く進み出したのである。国内には物質が行き渡り、日本人は新しい生活を享受するようになったのだ。松下幸之助は、それを喜ぶと同時に、失われていく何ものかを見出し、その行方を見つめ続けていた。幸之助の心に、一つの悲痛が訪れてきた。

その悲痛が、「新しい人間観の提唱」を生み出したのだ。真の人間とは何か。人間の生き方の本質はどこにあるのか。そして、我々人間は、どこへ向かっていくのか。そのようなことが、松下幸之助の憂国の情を刺激し続けていたに違いない。新しい日本人のあり方を見て、国の将来を憂えたのである。日本人は何を失いつつあるのか。それが、この提唱の中心的な思想となっている。人間の本質であって、失ってはならぬものを幸之助は書いたのだ。

その中心を支える考え方は、宇宙的使命から生まれる「崇高」だと私は思っている。その思想が、松下幸之助に「新しい人間観の提唱」を書かしめたのである。つまり、物質の繁栄によって日本人が失いつつあるものは、この崇高ということなのだ。幸之助は、高度経済成長が一段落した日本で、そのことに気づいた最初の人間のひとりだろう。憂国の心が、それに気づかせた。国の将来を真に憂える人間にしか、それは見えないものであったのかもしれない。

日本人は、崇高な生き方を失いつつあった。それは、道徳ではない。美しさでもない。優しさと言われるものでもないのだ。単なる正しさでもない。豊かさでもない。幸福でもないと私は考える。もちろん、平和とも関係ないと言っていいだろう。もっと人間にとって根源的な「何ものか」である。多分、真の人間として生きる、激しくそして悲しい生命の雄叫《おたけ》びに近いものだろう。私は、高貴性を求める人間のもつ魂の震撼《しんかん》だと思っている。

崇高は、「PHP理念」の真の目的と成っていた思想でもあるのだ。松下幸之助は、一貫してそれを言っている。物質も大切だが、人間にとって一番大切なものは物質ではない。PHP運動でかなえられなかったものが生み出した思想が、この「新しい人間観の提唱」なのだ。一番大切なものが抜け落ちたまま、日本は豊かさの道に突入してしまった。その幸之助の悲痛を知る人は、数少なかったに違いない。崇高を忘れた豊かさほど不様《ぶざま》なものはない。それは、ただの軽薄と享楽である。

崇高は、教育によって築けるものではない。それは、我々一人ひとりの生命の本源から来るものである。そして、生命はまた宇宙の根源から生まれてきたものなのだ。その尊さを、本当の尊さを知らなければならない。その生命の本源の尊さを知って、初めて崇高な生き方は生まれるのだ。豊かさが、それを忘れさせる方向に、この国を向かわせている。幸之助は国の行く末に呻吟《しんぎん》していた。長い呻吟の末、幸之助のもつ崇高な魂はこの提唱を書かざるを得なかったのだ。

崇高を理解するためには、人間は自己の淵源を知らなければならない。宇宙とその生成発展の悲哀である。その万物流転の無常の中から我々は生まれたのだ。この無常から生まれた我々の祖先が、涙の中から文明を立ち上げた。それは苦痛と悲哀の歴史であり、人間の生命がもつ偉大性の歴史であった。それが分からなければ、崇高な人生は分からない。松下幸之助の、涙の産物がこの「新しい人間観の提唱」なのである。

私はこの提唱を読めば、いつでも松下幸之助の魂と交流することが出来る。その悲痛を受け止めれば、それが出来るのだ。これほどの憂国の経営者がいるだろうか。現代を生きる我々は、いったい何をしているのか。すべての生命を、事業の発展と国の将来に対して投げ捨てていた。それを分かり、それを見つめながら、我々は何をしているのか。国のために、自分の生命を捧げた人がいたのだ。世の中のために、自分を捧げ尽くした人がいたのだ。崇高とは、その生き方に倣《なら》うことではないか。私はそう考えている。

平成三十年十二月

執行草舟

講演

「新しい人間観の提唱」を語る

今日は「新しい人間観の提唱」（巻末資料二九八頁）を考えるという主題で話をしたいと思います。私はひとりの著者として色々な機会をいただき、ＰＨＰ研究所と本の出版を契機としてご縁が出来、おこがましくも松下幸之助について話をさせていただいているのです。少し前にも、松下幸之助が提唱した「ＰＨＰ理念」についてＰＨＰ研究所の東京本部において話す機会を与えられたのです。そのときは、戦後に向けての幸之助の「繁栄・平和・幸福」の意味について、私なりの考え方を述べさせていただきました。今回は、その松下思想の中でも、特に「新しい人間観の提唱」ということに絞り込んで、松下幸之助の人物像と思想の核心と思うものを語っていきたいと考えています。だから何卒《なにとぞ》、ひとりの思索家が松下幸之助の著作を読んで、松下幸之助についてどう思ったかという感覚で聞いていただけたらと思います。

全く、このような偉大な実業家についてものを語るというのは、非常に心が引けるところがあります。ただ、松下幸之助の残した書物を、この機会に色々とPHPとの関係で読み、また改めてその「憂国の思想」に強く感動した次第です。その憂国は、私の中に深い尊敬を生じせしめると共に、苦しみ抜いた人物の悲哀を思う涙を私に与えてくれました。戦後の実業家の中で、日本国の将来を憂えるというか、そういう深い悩みを持っていた人物としては、すべての実業家の中で一番強いと私は確信します。また実業家としても最高の方だということです。比肩し得る方がいるとしたら、多分あの出光佐三だけではないでしょうか。だから、こういう方について研究するということは、幸之助個人の研究であると同時に、戦後日本の現状と今後のあり方がどうかということも、私自身、考えることになるのです。皆さんも松下幸之助の苦悩に寄り添うことによって、幸之助を語ることの価値を感じてくだされればありがたいと思います。

今日与えられた主題は、先ほど少し触れましたが、「新しい人間観の提唱」という松下幸之助の中心思想についてです。松下幸之助の本は、佐藤悌二郎さんが書いた本を中心として、ほとんど全部読了しているのですが、やはり、「新しい人間観の提唱」の中に、松下幸之助の夢とか憧れとか悩みも全部入っているのです。「新しい人間観の提唱」を深く深く読み込むことが松下幸之助の魂を理解するのに一番いいことだと思うので、それを読んで私が感じたことを、今日は話そうと思っています。

まず「新しい人間観の提唱」というのは、松下幸之助の全思想の集約だと思って間違いないものです。一言で全体像を言うと、人間の「宇宙的使命」とは何かが語られているということです。だから色々な悩みとか、色々な志とか、そういうものでは全くないのです。この地球に生まれた、我々の生命とは何かということを問うている。我々の生命が、今のこの日本の世の中で何を為すべきかということを言っている。そういうことを松下幸之助自身は本当に悩み、本当に考えていた。だから、私はこれをひとつの祝詞《のりと》だと思っています。松下思想が、祝詞のような祈りの文章に結実していると言っても過言ではないでしょう。

その理想を担っているのがＰＨＰ研究所であり松下政経塾、そしてパナソニック（旧松下電器産業）の事業とも言えます。松下幸之助の遺志を継ぐ事業体は、その辺の強化を、これからまた再びやらなければいけないのだと私は考えています。とにかく、人間というものは宇宙的な使命が分からなければ何も始まらないし、何も為すことが出来ないということが書かれているのです。それをよく分かってほしい。我々が国のことを憂えるとか、日本の将来を考える場合に、まず我々は自分自身が宇宙から与えられている自分の生命と、その生命が創り上げた文明という順番に考えていかないと、本当のところは分からないで終わってしまうということなのです。そして、必ず憂国の思想が、自分の肩書きみたいなものになってしまう。つまり、自分の欲望達成の飾りみたいなものになってしまうのです。特に憂国の思想を語る右系の人などは「コスプレ右翼」と言って、右系で憂国の考えを持っていることが、何かこう自分の飾りみたいに思っている人が多いですから、気をつける必要があります。

もちろん、松下幸之助は真の憂国の士です。そして、その憂国の志の根源は何かと言うと、すべてを宇宙の実在と人間の生命から考えているという気宇《きう》の壮大《そうだい》なことが特徴なのです。だから「新しい人間観の提唱」を一言でいうと、松下幸之助は宇宙を考え続けるような「宇宙的使命」に生きる人間こそが、新しい人間なのだと言っているのです。多分、昔の日本人というのは真面目な人が多かったと思うのですが、真面目な分、悪く言うと現世に縛られているという面が強すぎたのではないでしょうか。その精神的改革を幸之助は考えていた。私が子どもの頃までの日本というのは、今は失われてしまった美しいものをたくさん持っていたのですが、反面すごく現世に縛られていました。現世で名声を得たい、お金を得たいという気持ちが、限度を超えて強すぎると幸之助は思っていたに違いありません。それがいい意味でも昔は出ていたのですが、やはり悪い意味の方が強かった。松下幸之助は、そのような現世の欲望の達成に強力で真面目な人々が多い時代に、人間の進むべき道を「宇宙的使命」と語っていたのです。

それに引き替え、今の日本の世の中は、良いものも悪いものもその多くを捨ててしまったように私には見えます。今の日本というのは、三島由紀夫が言っていたように、何にも無いのです。ニュートラルです。無ですね。昔に比べたら善い人ばかりです。それはまた何ものも為せないということでもあるのです。だからこそ、これから日本は出発するのだと私は思います。今はそのような時代を迎えている。松下幸之助が考え続けたような、この宇宙的使命が一番達成できるときが近づいているのではないかと私は思っています。つまり、我々は空っぽになってしまった。悪い意味で歴史からも解放され、歴史の重圧、それから日本の場合は家の重圧、先輩・後輩、恩師、色々な人から悪い意味でも解放されたのです。そうすると、悪く見れば滅茶苦茶で無秩序ですが、良く言えば新しいことを創り上げられるときが近づいている。

だから私は、現代というのは松下幸之助の夢であった、宇宙的使命の実現が近づいているときなのではないかと思っているのです。私はこのような講演を今、自分が引き受けた意味を考えています。それは、時代的な背景も考え合わせれば、松下思想を基軸として、新しい日本に挑戦する人々がその関連するところから生まれてくるときが近づいているからに違いないと思えるのです。そして、それらの人々は宇宙的使命を身に帯びることになるでしょう。この宇宙的使命に生きる生き方について、松下幸之助は「天命」という言葉を使っています。「天命」に生きるということです。松下幸之助が「天命」に生きると言った場合には、宇宙的使命に生きることだと思ってください。

宇宙的使命とは何か

それでは宇宙的使命とはどういうものかということを考えていきたいと思います。まず宇宙的使命の特徴は何かということを話します。それは、我々の生命と人生そのものが、宇宙の生成発展を基準とするものから創り上げられていると知ることが重要になってきます。生成発展というのは、我々が地上的に認識できる文明社会とか地球上の常識に還元すると、「諸行無常」という考え方に尽きるのです。それは、我々日本人が仏教思想からとった言葉ですが、「諸行無常」と言っているものが、松下幸之助の言う「生成発展」だと思ってください。

だから、宇宙の生成発展というのは、諸行無常という日本では『平家物語』で一番語られていますが、呻吟と悲哀の認識ということなのです。これが昔の日本では非常に強かったのですが、今はもうその大部分が失われています。人生の悲哀、人生の呻吟、苦しみ抜きながら、何ものかを求め渇望する、そしてすべてのものの命の中に生命の持つ悲しみを見つけること、そういうものが諸行無常ということなのです。要するに、宇宙における我々の生命は、そのために創られたということです。呻吟し、悲哀を感ずるために我々の生命は創られた。松下幸之助は、ちょうど育つ段階でそれを自然に学んだのでしょう。だから、幸之助は、我々の生命は呻吟と悲哀を認識することによって、初めて真に獲得することが出来ると考えていたのです。そういうことを、幸之助は何とか言葉をもって表現したかったのだと思います。

呻吟とか悲哀というと、現代では何か怖いようにも捉えられるかもしれません。しかし、その呻吟と悲哀を心に持ちながら生き抜くことが、我々の生命の躍動と宇宙の生成発展を認識させてくれるのです。また、それと共に生きている我々自身の人生を肌で感じることによって、この現世に生きる力が湧き出てきて、現世の苦しみの多くがなくなるのだと、少なくとも、私はそう思っています。それと同じ感覚を、松下幸之助の「新しい人間観の提唱」に感じています。現世的に嫌なこととか、苛酷なこと、そして呻吟、悲哀、悲しみ、そういうものの中をただひとりで生き抜くのが生命だと私は思っています。幸之助の人生にも同じものを私は感じている。したがって呻吟とか悲哀が自分自身にのしかかっているのは、当然のことなのです。当然のことなので、それは生きている喜びであって、何も悩みでもない。だから、悲哀とか呻吟に遭ったときは、生きている喜びを感じるのが本当の生命なのだと、松下幸之助もあらゆる著作で力説しているのでしょう。

特にそれが宇宙的使命という考え方で、「新しい人間観の提唱」になっているのだと思うのです。幸之助が読んでいたかどうか分かりませんが、私が好きなパスカルの『パンセ』の中に、パスカルも長く生きてきて、「私は、呻吟し渇望する人々だけを認める」という言葉を書いている。これが今、私が話していたことなのです。「諸行無常」というのは仏教の言葉ですが、ヨーロッパのようなキリスト教圏でも同じことが言われているということです。

日本の戦後社会から一番失われたものが、これだと思います。国家そのものが楽しさとか幸福とか、そんなものばかり求めている。だから、自分の幸福だけを求める小さな人間ばかりになってしまったと思っています。生命の真実、つまり呻吟とか悲哀を求めると、我々の生命が大きくなるのです。それを幸之助は言っている。少なくとも国のことを思うとか、祖先のことを思うとか、地域社会のことを思わなければなりません。そうすれば憂いが生まれ、悲哀が生まれ、苦悩が生じてくる。そういう悲しみの中から出てくるものが、大きい自分自身を創るのだと言えます。松下幸之助もそういう考え方の事柄を色々と書いています。幸之助の思想の核心の一つとして、いつでも自己の幸福を願うことが、自分をどんどん小さくするのだと語っていることは、是非ここで覚えておいてください。

物心一如ということ

「新しい人間観の提唱」の中で一番目に幸之助が重要視しているのは、諸行無常を認識することだった。そして、順番として次に初めて「物心一如」に至ることが出来るということを語っている。この物心一如が、松下幸之助の繁栄のあるべき理想的な姿なのです。松下幸之助は物質主義ではないのです。物心一如は、どちらかというと心の方を重んじる仏教用語だからです。それで物心一如というのは、もちろん物と心が平衡を取っていることが重要なのですが、ではどうやったら平衡をとることが出来るかということです。これは平衡と言っても、実は心が中心で、心のことだけを大切にして生きなければ、物心一如の平衡状態はとれないのです。物のことを考えたら、必ず物質主義に偏ってしまう。なぜかと言うと、物質はそれほど強いものであり、目で見て触れることが出来、地球上に現実に存在しているものだからです。存在物というものは、ものすごく強い。だから必ず引っ張られる。

したがって、物質のことは考えてはならないのです。不肖、私も考えたことはないです。物質は、現世の事柄、事象を全部含みます。現世の幸福、出世、楽しみ、お金、それらはすべて物質です。物質を考えたら必ず、精神は負けてしまう。私はそう確信している人間です。そう思って松下思想に触れると、幸之助も同じことを説いていることが感じられるのです。

それでは何を重要視するかというと、先ほどから言っている「心の価値」だけなのです。人間は心の動物であって、心だけが大切なのだということです。本当に心を大切にして生きていくと、幸之助の考えもそうですが、物質は必ず付随してくるということです。そういう風に書かれている。もし、そうならないなら心が足りないのです。そして松下幸之助は、物心一如の状態がこの世に現出したときに、すばらしく豊かな社会が現出するということを言っていま す。精神を伴わない物質は、ただの物質主義に陥るということをもう一度考え直さなければなりません。

そして「天命」

次に「新しい人間観の提唱」を順番に読んでいきますと、宇宙の生成発展と物心一如を会得すると、本当の使命が生まれてくると書かれている。ここに、松下幸之助の思想がもつ深淵性が展開してくるのです。生成発展というのは、先ほど述べた呻吟と悲哀の生命の本質を理解するということです。そして我々が人間として生きる心の問題を重要視して、物質と心の問題が平衡をとって初めて、人間としての使命が生まれてくる。それを「天命」と名づけています。ただの使命では、まだ自分の中から出てきた考え方に過ぎない。もっと大きなものを目指しているということに尽きます。

したがって、先ほどの諸行無常と物心一如の考え方から生まれてこないなら、「天命」としての志は絶対に立たないということです。それが無いときに立っているのは何かというと、これは本人の欲望だということを示している。これを欲望と呼ぶのですが、今は欲望が良いものとされていますので、ここを勘違いしては駄目だということです。幸之助は、人として生まれたなら、自我の欲望を乗り越えたもっと高いものを目指すことを我々に期待しているのです。現世を乗り越えたもっと尊いものです。

欲望というのは、もちろん人間には誰でもあるものですが、別段とり立てて良いものではない。これは人間生活に付随しているものです。だから、松下幸之助が「天命」と呼んだものまで到達しなければ本当のものではない。それは多分、後にも再度お話ししますが、キリスト教的な思想では「愛」、仏教的に言えば「慈悲」に直結するものです。「愛」や「慈悲」から出てきているものが、「天命」を生み出す。日本人の立場から言えば、さっきの諸行無常と物心一如の思想が自分の中にでき上がって、初めて「天命」を認識するということです。

それでは「天命」が認識された場合、「天命」というのは、どういうものなのだろうということです。これは今流の繁栄とか幸福とか成功とか、そういうものではない。松下幸之助の言葉で言えば、「崇高」ということです。幸之助は「崇高」を目指していると、私は前に「PHP理念」について講演したときにも話しましたが、松下幸之助の理想というのは、すべて「崇高」を目指しているのです。

この「崇高」という概念は、私も最も好きな思想で、『「憧れ」の思想』という拙著の中心課題にもなっている思想です。「崇高」に関しては、私はあらゆる本を読んできて、そのうち最もすばらしい定義だと思うものが、エドマンド・バークというイギリスの哲学者であり政治家の『崇高と美の観念の起原』に書かれている。「それは堅固で量感を持ち、人間に畏《おそ》れを抱かしめるものであり……ごつごつして荒々しく直線的で暗く陰鬱である」というものです。何か怖い、何か気高い、そして圧倒的なものであり、原始的でまっすぐで重々しい。そういうものが「崇高」と呼ばれるものなのです。キリスト教では人間を超越した何ものかが「崇高」ですが、近づき難いものと言うことも出来ます。

したがって、今の日本的な優しいとか美しいとか明るいとかは、全然「崇高」に入らない。時代的にも「崇高」であればあるほど、理解されないのです。私もあまり詳しいことは知りませんが、多分、松下幸之助は時に誤解されて、個人的には非常に不幸な人生を送ったのではないかと私には思えるのです。それは、先ほども言ったように、恐ろしいものを秘めた「崇高」を目指した人だったからです。普通では計り知れないほどの恐ろしさと孤独にただ独りで向き合っていた。

その恐ろしく怖いものが松下幸之助の原動力になっていたということを思いながら、幸之助についての考えを進めなければ駄目なのです。だから、この前の「ＰＨＰ理念」についての講演会でも言いましたが、松下幸之助が言う「繁栄・平和・幸福」はどういうものかというと、あくまでも「崇高」を根源に秘めながら言っていたことなのです。現代的な幸福論や平和論のような柔《やわ》な概念とは全然違うということです。もし今、松下関係者が幸之助を誤解しているとしたら、高度経済成長後の柔な社会の幸福を、松下幸之助がもともと言っていたと誤解しているのです。幸之助はそのような柔なことは全く言っていませんし、現に松下幸之助自身、想像を絶する厳しい人生を歩んでいます。

理想の支配する社会

松下幸之助は「崇高」なるものだけが、文明を生み出しているということを言っています。その概念である「崇高性」というものを理解して初めて、「理想」が生まれて来る。そして、理想が支配する社会が出来るということです。この状態を幸之助は「衆知」と名づけた。それは民主主義が到達することの出来る理想が覆った社会です。その社会には、あくまでも理想が軸にあるのです。だから「衆知」というのは、理想を踏み外せば、烏合《うごう》の衆の、何でも人に合わせるとか、現代の卑俗な似非《えせ》民主主義と同じになってしまいます。もちろん衆知は、そういうことではない。

悲哀から出てきた人間生命の根源が軸に立って、初めてその人間が人と話し合えば、「衆知」になるということです。だから「衆知」というのは、軸がなければ烏合の衆になってしまう。「衆愚」という言葉もありますが、理想のない衆の意見は衆愚になるだけです。松下幸之助の言っている「衆知」は、理想が中心軸としてあって、そして皆で話し合うということです。つまり、幸之助の言う「衆知」は、およそ人間の考え得る最も正しい民主主義なのです。

民主主義の理想としては、アレクシ・ド・トクヴィルという人が書いている『アメリカにおけるデモクラシーについて』（中公クラシックス）という本が特に有名ですが、そこで言われている真の「話し合い」というものに近いでしょう。民主主義というのは、人間の尊厳に関わる根源的な思想を持っている人たちだけが話し合うことによって成立する。これは、もともと民主主義が生まれたヨーロッパにおいては、要するにキリスト教信仰ということです。強烈な信仰心を持っている人間同士が、それぞれの意見を言い合って民主主義が生み出されたわけです。

松下幸之助の言う「衆知」の軸というのは、昔のヨーロッパ社会で言えば、キリスト教信仰から生まれた精神にあったということです。でも、もともと日本にはキリスト教信仰はないですから、日本人の場合は、仏教的な伝統から来ている諸行無常とか物心一如とか、そういうものを自分の中で蓄積していかなければならないのです。私個人の意見を言えば、その中心となっているものは、武士道だと思っています。日本では諸行無常や物心一如は武士道精神に昇華され、その精神の中から、日本的経営哲学の理想の一つである石門心学の思想を生み出していったのです。石門心学は大阪商人の根本哲学であり、松下幸之助が強い影響を受けていたのは確かなことです。だから日本的思想の基礎を支える武士道精神が分かると、日本人は軸が出来て、その軸に本当の正しい民主主義が根づいて来るのだと思います。今の民主主義は、間違いなく衆愚です。それは、日本的な日本人としての理想がないからです。

「衆知」は、その理想の軸域を大衆性の枠にまで広げたものです。大衆性は、歴史上の人々のすべてを含んでいる。そのことが、幸之助の文章を読んですぐに分からなければならないのです。したがって、話し合えと言っているのは、現世で生きている人たちだけではなく、歴史上の人たちすべてなのです。日本だったら、日本の歴史が始まってから、現代の社会を創った偉大な人々まで全員が「衆」なのです。例えば、一人も現世で話をしなくても、尊敬する人々がいて、その尊敬する人たちの本を信じて生きているような人は、ただ「ひとり」で存在していても「衆知」に至れるということです。松下幸之助は衆知をそう考えているのです。

その観点から見れば、皆と話し合えば良いのだと学校で教えているような現世的な選挙制度もどきは、本当は全く意味をなさないのです。要は人気取りですからね。軸がなければ選挙というのは、人気取りに過ぎません。だから今の政治家は、皆、芸能人です。私は今の政治家を真の政治家だとは思っていない。自分の人気が気になっているなら、それは芸能人なのです。芸能人が悪いというのではありません。これは真の政治家とは道が違うと言っているのです。人気が気になり、それを商売としている人のことを芸能人というのです。

政治家というのは、本当は自分の意見に、命を懸けている人でなければならない。これはイギリスでそういう議会制民主主義が出来たときに、はっきり色々な人がそう言っています。自分の信念に自己の命を懸ける人だけが真の政治家なのです。

正しさとは何か

「衆知」の実現によって、崇高なる社会が実現するということに主点を置いて書いているのが、松下幸之助の「新しい人間観の提唱」の大きな意味の一つです。先ほどから言っている崇高で正しい社会なのですが、この「正しい」というのが、個々人によって違います。それでは、この正しいというのは、どういうことなのだろうかと考えを進めます。「正しい社会」というのは、言葉としては少し変ですが、「正しいものが正しく認識され、また執り行なわれる」ということです。正しい社会というのは、そういう社会です。

多分、私が思うに、それを考えているときの幸之助の胸中には、あの日本建国の神武天皇の神勅《しんちょく》の記憶があったのではないかと考えているのです。そこには有名な「正しさを養う」（養正）という言葉が出てきます。私はそれだろうと思う。西洋のように絶対的な正しさを求めるのではなく、正しさを養い、それを敬《うやま》うという考え方です。そして、正統を慕うということも含まれると思います。また養うとは、常に心がけるということですね。正しさの鍛練に向かう人生のことでしょう。後の日本のあり方を決めた詔《みことのり》です。内容としては、宇宙の摂理を受け容れ、その弁えを中心に据えて社会を創ることの大切さが謳われている。宇宙の秩序を模倣した人間社会の秩序を大切にするということです。現代人の考える秩序ではない。人間の生命の本質から生まれた秩序です。幸之助はそのような社会を、正しい社会と言っていたのだと私は思うのです。

今の社会は、エゴイスティックな自我が創り上げた物質偏重の社会です。物質に偏っているから、その増大エネルギーによって必ず崩壊に向かう社会だというのは、多くの人が見ていて分かると思います。今の社会は非常に危機に瀕《ひん》していますが、原子力とかプラスチックとか様々な公害問題もその一例として見てとれます。公害のような問題を抱えているのは、物質偏重だからです。もちろんこれは正さなければならない。生命的には還元不能の物質がすでにこの世を支配してしまっているのです。それでも経済発展に狂奔している。今ほど松下幸之助のような、宇宙の摂理を重んじる正統的な大人物の出現が待たれる時代はありません。

さて、パスカルの『パンセ』の中に私の好きな言葉で、「人は、正しいものを強くできなかったので、強いものを正しいとしたのである」という言葉があります。これはパスカルの人格を形づくっていた崇高なキリスト教信仰から出た言葉ですが、正しいものというのは我々の生命が宇宙の一環である限り生命的にはもう決まっているのです。しかし人間は、それを強化することに失敗したわけです。我々人類は「正しいものを正しい」と出発点で出来なかったので、強いものを正しいとしているのがこの現世と言えます。これが現世の悲しみといえば悲しみなのです。だから、国家同士の戦争でも勝った側が正しいとされた。これは本当の正しさではない。それだけはまず覚えておいた方がいいでしょう。

それでは正しいものは何だろうかというと、宇宙の摂理に則《のっと》った生命活動をよく認識し、その生命に合った文明の形態を築いていくということに尽きるのです。それを推進する力を養うことが何よりも大切な研鑽になると思います。そういうものを、本当に世の中の中心にするだけの力を有しなければ駄目だということです。自分が信念とするものを通すだけの力を得なければならないということです。正しいものを通せなかったら、世の中では強いものには従うしかないのです。ここのところの兼ね合いを、松下幸之助も一番悩んでいたと思います。幸之助は、自分ではその力を有していたが、それをどうやったら広げることが出来るかということが晩年の最大の苦しみだったのでしょう。文面から見てですが、これが晩年の幸之助の孤独の原因だったと私は考えています。

では、生命的に見て正しい人というのはどういう人でしょうか。色々な文学とか哲学とか人類の文化から類推すると、さっき言ったパスカルの『パンセ』にも書かれているのは、宇宙の真実とは何かを「呻吟し求め続ける人」が正しいということになる。こういう生き方が正しい。そういう人間が生命的に見て正しいのです。人間というのは呻吟し、崇高な何ものかを求めて生きるために生まれたということなのでしょう。それが本当に歴史的に分からないと駄目です。分かりやすい言葉の一つが『パンセ』にもあるということです。

反自己に苛まれる

さて、次に反自己に苛《さいな》まれる人について話したいと思います。「呻吟し求め続ける人」の実際の姿とでもいうものです。これは現代的な自己満足型人間の反対ということです。反自己に苛まれるとは、神ではない存在の人間には絶対値というものは無いということが分かっているか、いないのかという問題です。人間の正しさとはいつでも、相対的なものなのです。宇宙の摂理に向かう生き方もとりあえずの正しさであり、一番妥当性があるということなのです。正しさというのは必ず相対的なものだということを覚えておいてください。

歴史を調べていくと、人類史の中ですばらしい社会を現出したと言われているときがあります。一番近いところでは、ヴィクトリア朝の十九世紀の社会です。ヴィクトリア朝のいわゆる英国ですね。ヴィクトリア朝の英国ジェントルマンというのは、文明的に見て最も人間教育とか人間性が整っていたと言われているのです。それに偶然ですが、明治の日本も生命的に見た人類史から言うと、非常にすばらしい時代を形づくっていました。

それではなぜ十九世紀がすばらしいのかと言うと、その当時の先進国の多くが反自己に苛まれる人たちによって占められていたからなのです。それは民主主義の思想が急速に発展してきたことに原因があった。偶然なのですが、歴史的に言うと金持ちは、自分が金持ちであることを悩むようになった。つまり、貧乏人に対して悪いと思うようになったのです。貧乏人は自分が貧乏であることを悪いと思い、コンプレックスに苛まれるようになった。つまり金持ちに憧れるようになったのです。そのような状態が家柄の良し悪しや能力の有無についても同様に起こるようになったのです。この状態に十九世紀の明治の日本とヴィクトリア朝の英国を中心とする先進国はなっていた。その結果、礼儀とか、人間の夢とか、志が現実社会に噴出する時代を現出したということです。だから生命的には激しく躍動する社会となった。それはもちろん生命的に見ても文明的に見ても一番正しいということなのです。

最近、私はすばらしい本と出会った。マイケル・ヤングという人が書いた『メリトクラシー』(至誠堂)という著作です。九州大学医学部名誉教授の井口潔先生という非常に立派な、現在は九十七歳の方の著書に出ていたのです。さっそく取り寄せて改めて読んだのですが、ヴィクトリア朝の英国のことが書いてあったのです。これによって今まで色々と思想的に固めていたものが、ズドンと私の肚《はら》に落ちました。

要は、ヴィクトリア朝の英国ジェントルマンのすばらしさの根源は何か、それから明治の日本がなぜ、我々が本で読んでもあれほど魅力があるのだろうかということです。それは、全員が反自己だったということなのです。情報もある程度入って来て、金持ちは金持ちであることを悩み、貧乏人は貧乏であることを悩む。だから、自己満足型の社会の反対ということです。

十六世紀ぐらいまでは、例えば貴族というのは、貴族であることを悩んでいない。貧乏人なんかは牛か豚だと思っていました。また能力のある人は、能力の無い人など歯牙《しが》にもかけなかった。そして、その反対に下の人も上に憧れることも無かった。やはりそういう社会というのは、人類的に言うと間違っている。宇宙的でないのです。躍動していない、つまり固定してしまっている。つまり、美しくないのです。美しい社会というのは絶えず、すべての人が努力をしていて、何らかの涸渇《こかつ》感を持っている社会なのです。努力をしていない場合は、努力していない自分に反自己という、いい意味でのコンプレックスを持っているということです。これがすごく重要なのです。これが生命的には非常に正しい。満足と安定の反対ですね。

この反自己に苛まれる人は、次には足らざるものに邁進する人となるのです。何ものかを渇望するということです。私の好きな本では『生の悲劇的感情』（法政大学出版局）というミゲール・デ・ウナムーノというスペインの哲学者が書いた本に、これが中心課題として書かれています。つまり、絶えず求め続ける人です。渇望しなければなりません。足らざるものが何かということを絶えず求め続ける。現世で満足してしまう人が、人間的には最も堕落していくということです。生命というのは、生命の故郷である永遠性を求め続けなければ躍動しない。永遠性というものは永遠に手に入らないわけだから、これは絶えず足りないわけです。その足りないものに向かう精神は、私が「憧れの思想」と言っているものであり、渇望なのです。それが「新しい人間観の提唱」の中心課題となっている。

禅の言葉で永遠性というものを理解するのにいい言葉だと思ったのが、「両頭ともに截断《せつだん》せば、一剣《いっけん》天に倚《よ》って寒《すさま》じ」です。色々なことを考えているが、それを全部捨て去れば、必ず宇宙的、生命的な結論が出てくるという言葉です。私はこの言葉が好きで、この言葉で生きていると自分では思っています。あらゆるものを勉強して、あらゆるものをその場で毎日捨て去らなければ、本当の人生は生まれない。ではどうやったらそういう人間になれるのかと言うと、諸行無常と物心一如、そして天命に邁進していると、今言った「両頭ともに截断せば、一剣天に倚って寒じ」という人間になる。そうなれば、一生に亘《わた》って呻吟し求め続ける人間になるのです。これは松下幸之助の人間性そのものだと私は思っています。それが分からないと松下幸之助は分からない。私はたまたま自分もそういうタイプだったので、非常に松下幸之助には共感するのです。

この言葉が歴史的に有名なのは、楠木正成が湊川の決戦場に向かうときに、その決断を促した言葉だからです。死ぬと分かっている戦いの地である湊川に行くときに、明極楚俊《みんきそしゅん》という禅師にその不安感を相談したところ、楚俊が楠木正成にこの言葉を与えたのです。「両頭ともに截断せば、一剣天に倚って寒じ」。この言葉の真意を楠木正成はその場で理解して、すべての物と自分の人生、そして思想のすべてを捨てて、死ぬために湊川に行った。これが松下幸之助なのです。幸之助は大実業家ですから、物質的で社会的な面ばかりに人々の目は奪われていますが、精神の核はこの思想だと私は思っています。この決断の勇気が分からなければ、幸之助のことは何も分からないと思います。

正しさを貫いた例

それでは、正しいことをやるには、結局どうするのかという例を挙げます。まずは岩波書店を挙げたい。戦前の日本文化を築いたのは、岩波書店だと言われています。岩波書店は、日本の古典とか西洋の学問や芸術の本を膨大に出版した。流行を追いかけて売れそうなものしか出版しない今の出版社とは反対です。今の出版社は儲かるものを出そうとして、かえってどんどん駄目になっています。その反対で、岩波書店は、大正時代からとてつもなく難しい哲学書とか文学書、日本の古典、そんなものばかりをたくさん出して、それがきちんと売れて、会社としても儲かっていた。そういうことを岩波茂雄がやったわけです。

これが正しいことを行なう人間の代表だと思います。そのとき、岩波茂雄が一番頑張ったのは何かというと、出版した本を全部本屋に「買い取り」として買わせたということです。だから、在庫がない。それだけの信用を得る販売力と精神を培ったことが、岩波茂雄が歴史的な人物になった理由だと思っています。それが出来ないで、ああでもない、こうでもないと言っているのが、今の出版社です。「あれは売れない、これは売れない」と言っている。それでは何が売れるかと問うと、必ず返って来る答えは軽薄な流行を追いかけているということだけです。そして自滅していく。岩波茂雄は違う。岩波茂雄という、出版界で最初のお手本があるのに、今これをまねる人がいない。なぜまねないかというと、「正しさ」に行こうと決意しないからです。正しく生きようとしたら、出版社なら岩波茂雄のまねをしなければ駄目なのです。もちろん現代的に内容は修正してですが、こういう前例があるのですから。それも日本人でつい少し前に生きていたわけです。

出版というのは、問屋（取次）に卸して売れなかったら戻ってくるという形態になっている。だから下手に出すと、出版社は潰れてしまう。そんなシステムを利用して売っているから駄目なのです。岩波茂雄は直販で、本屋に直接本を売るというシステムを努力して開発したのです。それだけのど根性と、能力と努力と、信念というものが凄い。こういうのが正しくものを通す力なのです。これが出来ないから、今の出版社は世間に迎合して、テレビと競争しては変な本ばかり出して自滅していくということの繰り返しになっている。

昔の岩波書店はすばらしいです。今は岩波書店も親の遺産で食べていますから、金持ちの馬鹿息子と一緒で全く駄目です。昔出た本の復刊しかやっていません。あの岩波ですらこの始末ですから、精神の維持鍛練というのは大変なのでしょう。でも岩波書店は本当に、私が二十代の頃くらいまでは凄かった。あの当時の社長に緑川亭《みどりかわとおる》さんという方がいたのですが、その方が社長の頃までは岩波書店は凄い志を持って、日本人を啓蒙する良い本ばかり出していた。これが正しさを貫くということの一つの例です。

松下電器産業もその例に入っているのです。松下幸之助も正しいことを実行できる人の代表なのです。皆、松下幸之助のことをよく分かっていない。幸之助の残した表面的な言葉の中から、自分に都合の良い「きれい事」だけを拾い上げているように私には見えます。松下幸之助も日本社会の一つのシステムであった問屋制や販売網をそのままの型では利用しなかった。このシステムに昔の商人というのは皆、戦前からがんじがらめにされていた。それで問屋の言う通りの物しか作れない。そんな時代に、まだ皆も覚えていると思うけれど、「ナショナルショップ」という小売店網を作った。岩波書店と同じで、自分のところの製品を主として売ってくれる商店を一つずつ作っていったわけです。

だから私が子どもの頃は、電気屋というのはナショナルの製品を主に売るナショナルショップと何でも扱う普通の電気屋の二つだった。必ず電気屋は各街に二軒あって、ナショナルショップと普通の電気店でした。松下幸之助だけがナショナルショップという、自分のところの製品を主に売る店を作ったということです。これが偉かったし、それだけの力があるからすばらしかったのです。

次にバイオテック㈱日本生物科学、㈱日本菌学研究所および美術・出版活動の事業の総称）という事業があります。これは私の経営する会社です。総量的には小さいですが、バイオテックも強く正しいということでは似ている。ここも在庫ゼロです。しかも直販で、すべてのお客さんに直に売っている。それでお客さんが買う分だけを工場で作っている。だから在庫もゼロ。

会社が小さい割には儲かりっぱなしです。もう左うちわで儲かっています（笑）。

なぜかと言うと、その基盤を何が何でも作っているからです。まず社会の販売網を使っていない。日本の販売網に頼って、売ろう、売ろうとしていると、テレビを中心としたマスコミ文明や、今の商売の流通経路に抑えつけられてしまう。だから私はどこの会社ともつき合ってはいません。つき合っている会社はゼロです。他社を必要としていないのです。だから、自分の会社で何もかもやっています。売るのもそうだし、サービスも、研究も製造も特許を取るのも全部です。

これは大変に見えますが、一番簡単な道なのです。つまり以前のナショナルショップの小さい版です。松下の方が、やり方が大きかったということです。でも、私も正しさを貫く基盤があるから、貫けるのです。もしも他人に協力してもらわないと出来なかったら、頭を下げるしかなくなってしまう。私は、神様以外は誰にも頭を下げたことはないです。神様は大好きなので、神様にはしょっちゅう頭を下げていますが。つまり、そういう基盤を作らなければ正しさは貫けないのです。

岩波書店、松下電器産業、私が経営しているバイオテックなどが、正しさとか力とか強さをそのまま押し通すにはどうやるかということの例です。これをやる場合には、まずは独裁でなければ駄目ですね。独裁は、悪いものではない。皆、独裁が悪いと思っているのは、私意とか個人感情に流される弱い人間ばかりを見ているからです。松下幸之助のように理想を持っている人には独裁が出来るのです。独裁が出来るということは、正しさを貫くことが出来るということなのです。だから、そういう人間にならなければ駄目です。

小なりといえども、私もそうです。私も妻を病気で失い、小さな赤ん坊を背負いながら無一文で会社を設立したときから今日まで、ただ理想だけで事業を行なってきました。理想があるから独裁が出来るのです。理想のほかは、例えば私の人生などどうでもいいことなのです。理想に生き、理想のために死ぬことだけが私の人生観とも言えましょう。私は同じものを幸之助にも感じています。

松下幸之助がナショナルショップをなぜ作れたかと、研究しても無駄です。松下幸之助は先ほどから話しているように、ひとつの崇高な理想を持っているからなのです。だから、今の金儲け主義の人間が、幸之助の本を読んで、ちょっとそれをかじった程度ではナショナルショップは作れない。誰も協力しないです。やはり新たなナショナルショップを作るには、幸之助が日本社会を憂えているその理想を正しく理解してもらわないといけない。私は小なりといえども、それを理解する人間ですから、自分なりに同じようなことが出来るということです。

もちろん、岩波茂雄もそれです。岩波茂雄がなぜあのようなことが出来たかと言ったら、岩波茂雄はただの本屋を創ったのではない。岩波茂雄の本を読めば分かります。あの当時ですから、早くヨーロッパの難しい哲学書や自然科学書、そして文学書を訳して、日本社会に浸透させない限り、日本はそのうちにヨーロッパの植民地になってしまう。そう思っていたに違いありません。当時は大正ですから。とにかく早くヨーロッパに追いつかなければ、ヨーロッパの植民地にされるという危機感があった。ただの出版社を創ったのではないのです。日本国の将来のために、自分の命を擲《なげう》って岩波書店を創ったのです。日本を救うことを「天命」としたのです。だからこそ、岩波だけが日本の出版の問屋組織という、日常的な金儲けの組織から抜けられたのです。そこを学ばなければならない。松下幸之助も全く同じだと思って間違いない。

すべては混ざりあう

さらに正しさとは何かを追究しますが、難しく言えば、正しいとは「弁証法的陰陽対立の思想を止揚《しよう》して、愛に基づく結論を下すこと」なのです。先ほどから話していますが、まず正しさというものには、絶対値がない。絶対値があるのは神だけですから、神以外には絶対値はないのです。すべてが相対的です。つまり、すべてが陰陽の対立として回転しながら存在している。例で言うと、すべてのものが善と悪を含んでいる。軽と重、黒と白を含む。この世には真っ白というものもないし、真っ黒というものもない。必ず少しずつどちらをも含んでいます。幸福と不幸も混ざりあっている。正と邪もそうで、絶対に正しいこともないし、絶対に悪い邪《よこしま》なこともない。柔と剛、軟らかいものは硬いものを含み、硬いものは軟らかいものから成り立っている。

西欧で言うと、ヘルメス思想と言って、錬金術から科学を生み出し、日本では禅だけが到達した境地です。軟らかいものは硬い、硬いものは軟らかい、これが真実なのです。必ず反作用を内部に含んでいる。量子力学が発達して、原子物理学が発達しているので、皆、物理学的にも今は分かるかと思います。現代では、この概念は科学的に分かるようになった。冷たいものは熱いものを原子の内部に含んでいる。熱いものは冷たいものが内部にあるのです。

有名な話ですが、硬いものを切るのは軟らかいもので切り、軟らかいものを切るのは硬いもので切ることは、昔からものを切断するときの常識なのです。三崎船舶工業㈱という私が昔勤めていた造船所で、砥粒《とりゅう》も作っていたので、その売り込みと新製品開発のために、私は砥石《といし》の会社に出向したことがあったのです。その社長が優れた人で、今でも私の尊敬する人物なのですが、その人にその考えを教えてもらったのです。そして、それを実際にやってみせてくれた。全く驚いてしまい、今でもそのときのことをよく覚えています。軟らかいものは硬いもので切る。硬いものは軟らかいもので切るということの実践です。例えば、本当に硬い岩なんかは、液体で切ります。液体を超高圧で吹きつけて切るのです。考えてみたら、それで出来たのが自然環境です。渓谷なども、もともと川の水でどんどん掘られていったということでしょう。硬いものは軟らかいもので切り、軟らかいものは硬いもので切る。これがものを切るときの根本哲理だということをその社長さんが言っていた。

当時、私は西欧中世のヘルメス・トリスメギストスに象徴されるヘルメス思想、錬金術が好きで研究していたのです。社長さんの言葉を聞いて、錬金術の研究で色々と蓄積していたものが、ズドンと肚に落ちた経験があるのです。やはりその社長さんは大成功者なのですが、そういう人は皆、真実を摑んでいるのです。私は、本当に物事をやり抜くということがどういうことなのか、それを自分なりに摑んだように思いました。この人は、私が実際に指導を受けたことがある私にとっての「松下幸之助」になってくれたのかもしれません。絶対的に硬いものもないし、絶対的に軟らかいものもない。強と弱も混ざっている。色々なものが混ざっている。人間だって、友達だって皆そうです。家族だって、嫌なものもあるし、憎しみもあるし、色々なものがある。最後に愛の決断を下すことが出来るかどうかだけが、あらゆる物事が正しいかどうかの仕分けになるということです。

だから正しい人というのは、あらゆるものの中から最後に必ず愛による決断を得ることが出来る人だということです。馬鹿な人間というのは、自我に塗《まみ》れた愚かで馬鹿な決断を下す人なのです。馬鹿な結論は、必ず自我から出る結論だということを知るのは大切な知恵です。利口な人も馬鹿な人も、実は人間というのは皆、同じことを言っています。同じもので苦しみ、同じことを言っているし、根本的には間違っていることを話している人はほとんどいない。ただ、愛に基づく結論を出したのか、自我からの結論なのか、そういう違いがあるというだけです。岩波茂雄とか松下幸之助は、愛によって結論を出しているということです。愛国心も愛ですから、国を本当に思って、国のために命を捨てるというのが本気なら、それは大変な愛なのです。本当に国のためにやるというのは愛の根源です。そのために出した結論は最も正しい結論だということです。正しい結論なら、断行することが出来る。ここが現世の厳しいところです。もしも断行できないなら、それは正しくないということです。言葉としては、「独りよがり」ということでしょうか。

正しいことということは、愛に基づくものだということの証拠に、必ず共感者や協力者が出てきます。共感者が出なかったら、それは正しくないと思ってください。ただ共感者を選ぶことは出来ないということです。選べないけれども、必ず共感者はいる。私が事業を始めたときも、最初から共感者はたくさんいました。だから、正しかったのだと思います。家族とか従来の知り合いはほとんど駄目でしたが、新しく知り合った人たちの中にたくさんの共感者を得たのです。

愛とは何か

それでは愛による結論または決断ということを考えていきたいと思います。愛とは何かということです。愛は先ほども言いましたが、一言で言うと、犠牲的精神のことです。つまり、自分よりも何か他のものや他者のために、自分の能力や精神そして肉体的生命を捧げることを言います。そして、それこそが生命の本源的実在なのです。生命というのは、自己の生命を何ものかに捧げ尽くすために存在しているというのが愛の根源であり、それが宇宙的事実なのです。これが分からなかったら、自分の生命を本当に活かすことは出来ない。

昔は「青春の苦悩」とよく言ったのですが、青春においては何を悩むかというと、私ぐらいまではそうでしたが、どう生き、どう死にたいのかに悩み、そして自分のすべてを捧げ尽くすものを探し求めて悩むのです。自分の生命を何に捧げるのかということに悩み、そのために哲学書をあさり、文学書を読むのです。悩みと言っても、青春の悩みというのは、そういうことを言うのです。それ以外は、絶対に青春の悩みではない。

そして生命というのは、捧げるものを見つけたら、本当に恵まれた、生きがいのある生命になったと歴史的に言われています。それが一人の他人でもいいのです。愛する女性一人でもいいし、愛する男性一人でもいい。また愛する友人一人でもいいし、国でもいいし、会社でもいいし、何でもいいのです。ただ条件としては「本当なら」ということだけです。しかし、今はほとんどの愛は自己利用されています。本当に捧げるなら何でもいい。本当の恋愛というのは、自分がこの人だと思う人に自分の人生と生命を捧げることを言うのです。だから、そうでないなら、それは少なくとも愛ではないということです。そうでなくても、もちろんいいですが、結婚してもいいし、何をしてもいいのですが、本当の愛による結婚ならそうだということを知っておいてほしいと思います。愛による関係はすべて、対象に対して自分を捧げ尽くす関係を言うのです。

今、私は、捧げる相手は一人の人でもいいと言いましたが、一人の人に本当に捧げられる人は、国にも必ず捧げられます。ここが色々な歴史上の悲劇の真実が分からない人には、全く理解できないところなのです。本当に一人の人を愛するなら、国のことも本当に愛するのです。友達のことも本当に愛するのです。これが人類が誕生してから、我々が感動する詩とか文学とかの主題となっているものなのです。だから、本当に家族を愛する人は、国がもし戦争をした場合は家族を捨てることになる場合もあり得るのです。国のために死ぬことになりますが、そういう事実が人類的な文学などを生み出している。

この犠牲的精神というのが、生命の本源的実在だということを先ほども言いました。何かに捧げるということですが、この捧げるということを私は自己の思想の根源に据えています。これが生命の完全燃焼ということです。生命というのは完全燃焼するか、燻《くすぶ》ったまま死ぬかの違いしかない。私は完全燃焼した生命は大成功の生命であり、燻った生命はそれこそ社会的な地位がどうであれ、腐った生命だと思っています。燃焼した生命は、若くして死のうが、歳をとろうが、挫折しようが、どんなに貧乏で死のうが、やったことが全部駄目であろうが、価値のある美しい生命なのです。自分の生命が完全燃焼すればいいのです。それが私の生命論の根本です。

そういう生命論の根本を持っている私が読んで、松下幸之助も全く同じ生き方の人物だと思えるのです。この生命論が自我の幸福を求める人たちには、割と理解されないので、幸之助もあらゆる人から理解されないで暮らしただろうと思っているのです。私は松下幸之助を、本の上でしか知りません。本の上では幸之助はきれいなことばかり書いています。しかし、実際の幸之助の生命はその内部で紅蓮《ぐれん》の炎のように燃えていたに違いない。その激しい生命を自分より大きな存在に捧げようとしていたのです。ただ、これは普通の人にはなかなか理解することが出来ません。だから、すごく不幸だったのかもしれません。近くにいるほど、その「崇高さ」が分かりにくいというか、そういう意味で非常に孤独だったでしょう。その悲しみを、私は幸之助の著作の行間に感ずるのです。本を読むたびに涙が滲むことが多いですね。

生命の完全燃焼というのは、善悪を超越していて、宗教的な言葉で言うと彼岸に存在しています。したがって神の領域に近いということです。だから、私は自己の思想を正しいと思っている。燃焼に価値があり、結果は問わない。極端に言うと別に銀行強盗だろうが、犯罪者だろうが、燃焼した人は正しい生命だったと私は思っています。そしてそれは、松下幸之助の根本思想でもあると確信しているのです。しかし、幸之助は成功が大き過ぎたこともあり、私のように前後上下にかまわない発言は出来なかったに違いないと思えるのです。

もちろん犯罪者がいけないというのは文明社会の掟ですから、私も犯罪者を擁護するわけではありません。しかし、やはり燃焼した生命には美しさがあり、いとおしさを抱いてしまうということです。例えば文学とか歴史書を読んでいて、一番近いところでは西部劇とかを観ると、犯罪者でも感動する人がいるのです。一つ挙げると、銀行強盗をやったブッチとサンダンスの友情を描いた『明日に向って撃て!』という映画があります。もの凄い友情で生きていた。悪いことをしていても、友情のために生きた人とか、そういう人には映画を観ても文学でも感動します。その感動というのは何から来るかというと、これは理性ではないのです。やはり生命の本源から来る。それが何かの都合で、罪を犯すことになってしまう場合もあるということなのです。

問答無用と体当たり

愛が分かってくると、どういうことが出来るようになるかということをお話ししたいと思います。愛とは、自分の生命を何ものかに捧げる行為ですから、自分の命は無いものとなるのです。そういう意味で私は武士道が大好きなのですが、武士道を愛の根源的な文化だと思っています。武士道に邁進して生きると、愛が肚に落ちてくる。愛が分かると「問答無用」という生き方が出来るようになり、すべての出来事に「体当たり」をすることが可能となってくるのです。私はそうしていますが、それはある程度、愛の本質を認識しているからです。愛が認識されると、自分の生命というものはもう無いのと同じですから、あとは問答無用の人生と体当たりの人生を送れるようになる。私の前進が止まるのは寿命が尽きたとき、つまり死んだときです。死ぬまで体当たりをする。私の意志は死して、のち已《や》むということです。

私は松下幸之助も間違いなくそうだったと思っています。その思想が、「新しい人間観の提唱」に書かれていると信じているのです。だから本当に我が意を得たりと、初めて「新しい人間観の提唱」を読んだときに思いました。幸之助自身は、問答無用と体当たりの人生を送りました。そして、愛の本質を摑んだのだと思います。それを、自己の事業を受け継ぐ人々や将来の日本を背負う若者に伝えたかった。それを自身の言葉で書いたものが「新しい人間観の提唱」なのです。これは「石門心学」を通して学んだ幸之助の武士道的商道の結晶と言えましょう。そして、その武士道的商道が生んだ、真の愛の発見を綴る本当の意味の遺言ではないでしょうか。

私は体当たりの思想と問答無用の思想を、自分の著作に色々書いてきました。しかし、皆がそれを難しいと言うのです。けれども、それは逃げに決まっています。愛の本質を認識したくないのです。認識したら、実行しなければなりませんからね。自己の生命を真に活かしたければ、愛が何かということを、色々なもので会得するしかない。そんなことをしたらいつ死ぬか分からないと言うけれど、それも当たり前です。人間はいつかは死ぬに決まっているのです。要は、どう死ぬのかということに尽きます。愛の中に死ぬのが、生命の価値だということを私は言っている。愛が無ければ永遠に生きるならまだしも、愛はあっても無くても必ず死ぬのです。だから愛の中に死ななければ自己の生命の意味がない。全く愛が無く死ぬのは、言葉は悪いですが塵芥《ごみ》と同じなのです。

今は、可哀想ですが、本当に塵芥のように死んでいく人が多い。物質主義と肉体大事のなれの果てだと私は思っていますが、病院で管に繋がれて愛も知らないで、嘘をつかれて死んでいく人が多い。「大丈夫だよ、大丈夫だよ」なんて言われて可哀想ですよ。私はやはり人間の尊厳が大切にされる社会でなければ駄目だと思う。少なくとも私がまだ子どもの頃は、皆、家で死にました。愛とは言わないけれど、死ぬ時期も全部分かるし、自分なりの満足した死というのが結構ありました。今はあまりないです。自分がしっかりしないといけません。だから私は、自分の意志だけで愛だと信ずるもののために生き、そして死のうと思っています。

そう思うと、松下幸之助が全部分かるようになります。だから松下幸之助もそうだったのです。そう思わなかったら、松下幸之助の本を全部読んでも、何も分かりません。多分、きれい事だけ並んだ言葉に埋もれて、現代の消費文明と無限経済成長に寄与する馬鹿な繁栄と幸福と平和を信じ込んで、自分の命を無駄にしてしまうと思います。幸之助は、自分が血と涙の中から摑んだ本当の愛を後世に伝えたかったのです。本当に国の将来を憂えていたのです。その真意を見なければなりません。そして、その真意は、すべて「新しい人間観の提唱」の中に、涙に包まれて潜んでいるのです。

今は国自体が平和ボケですから、国も「きれい事」だけを推奨しているのです。だから、本当に今は厳しいです。平和ボケが国家政策になっているので、そういう時代に生まれてしまった我々は大変です。平和ボケがなぜ国家政策になっているのかと言うと、無限経済成長をするためです。要は金儲けですね。国そのものが、国民の欲望を喚起して物を買わせ、「あれをやりたい、これもやりたい、あれを買いたい、これも買いたい」という我利我利亡者の国民を作り上げている。国民を飼い慣らされた家畜にしようとしている。国民を全部そういう風にしないと、経済が成長しないからです。そういう無間《むげん》地獄という泥沼に、特にアメリカを中心とした、経済成長重視の国々は突入しています。したがって、どの民族も自分の国が独自に持っていた良いものは、皆失ってしまった。

最近、中国が随分発展していると威張っていますが、高齢の中国人が言っていました。上海あたりにいる中国人のことを、一言で言うと、昔の日本人が言っていたことと同じです。「ああ、あいつらは中国人ではない」と言っていました。だから、中国人が最近どうした、ああした、と言われると迷惑だと言います。今、上海あたりにいるのは、あれは中国人ではないと。これは私はたまたま何かで見たのですが脳裏に焼きついて残っています。あらゆる国が経済成長すると、国家そのものが金儲け政策になってしまいます。そういう平和ボケをしてまで、なぜ経済成長などをしたいのか、私にはさっぱり分かりません。すべての国の人々が、仏教で言う餓鬼道に堕ちたという答えしかありません。そして民族と道徳の破壊です。今まで述べたように、問答無用と体当たりの生き方によって、生命を燃焼し、愛を実践する以外、これから人間としての道を復活させることは出来ないのではないでしょうか。

最後に、現代の世界経済の動向の話になってしまいましたが、それは松下幸之助が生き返って来たらこれをどう見るかということが気になっていたからです。幸之助は多分、無間地獄に陥った世界経済の本質を必ず理解するはずです。そして、そこから、少なくとも日本を脱出させなければならないと考えるに違いありません。幸之助の出す結論は愛に基づいたものとなるはずです。そう考えれば、我々の祖先に立ち返り、伝統を見直す産業のあり方を考えるはずだと私は思うのです。アメリカと中国からどう距離を取り、日本独自の道を進むかということです。天才の考えることは、私にはもちろん分かりません。しかし、その答えは「新しい人間観の提唱」の中にすべて語られているということだけは分かるのです。この幸之助の思想をどのくらい、自己の中で血肉とすることが出来るかにかかっていると思います。これを本当に我がものとするには、我々は自己の命をその思想に捧げなければならないと私は思っているのです。

講演後の質疑応答

物は捨てよ

――松下幸之助は、宇宙についても著作に書いていて、宇宙を動かす力として、「根源の力」というものを想定しています。一方、執行先生も著作の中で「絶対負」というものを書かれていますが、これを松下幸之助の言う「根源の力」と同じようなものと考えていいのでしょうか。それとも先生の方で違う捉え方をされていることがあれば、教えていただければと思います。

執行　「絶対負」というのは、私の思想の根源です。これは宇宙の根源から出発して、すべてのものにその力が作用しており、すべてのものは「内部的な力」そのものに価値があるのだという考え方です。松下幸之助の根源の力というのは、人間の精神とか人間の生命そしてそのもとになっている宇宙の力について言っているものです。同じものなのですが、見方の角度が少し違うというような解釈でいいのではないかと思います。同じものを、私は哲学的に語り、松下幸之助は物理的に語っているように私には思えます。

「絶対負」というのは、「負のエネルギー」が正しいという思想です。愛も「絶対負」ですから、負のエネルギーの一つです。そして、生命の根源は全部、負のエネルギーによって支えられていて、それが生命的に正しいのだという考え方が「絶対負」なのです。負のエネルギーというと、現世ではどうしても正に対する負という考え方しかない。地球上では必ず、正と負が陰陽対立になっています。正に対する負という考え方しか地球上にはないのです。だから、「負のエネルギー」というと、必ず「正のエネルギー」の反対ということになってしまう。そして正に負けたような印象を受けてしまう。ところが、私が言う「絶対負」というのは、宇宙根源の力なのです。つまり、負が上なのです。その負のエネルギーは地球上だけではないということです。負のエネルギーが宇宙の根本なのです。地球上で我々が正のエネルギーと思っているものの方が、宇宙では特殊だと言えるのです。ただ地球上では分からない。地球上では正のエネルギーに価値があるのです。だから、正に対する負ではなくて負が正しくて、それが中心軸にあるのだという考えとして、私は「絶対負」という名称をつけているのです。

松下幸之助には根源の力とか根源の社《やしろ》（注釈二八七頁）というものがあります。これは負のエネルギーの大切さを、幸之助が言葉に換えたものだと思っています。だから私の言う絶対負とも近いものだと思うのです。それは先ほどの講演でお話ししたように、キリスト教的に言えば愛になります。しかし、愛というのは分かりにくい。愛というのは目に見えませんから、地球上ではなかなか力を持てないのです。地球上で力を持つものは、すべて物質です。地球上というのは、物質の力によって支配されているのです。だから、愛という「負のエネルギー」が正しいというのは、ある程度分かっていても、力にならないのです。これを力にしようとする思想が、私の場合は「絶対負」という言葉になり、私の菌学研究とその事業になったのです。松下幸之助は、それを「根源の力」と表現した。その愛の思想を形にしたものが根源の社となり、ＰＨＰ研究所となり、また松下政経塾となったのです。

さて、愛を力に変えようと思ったら、先ほどの結論を繰り返しますが、生命を燃焼するしかないというのが私の思想です。だから生命を燃焼させて「体当たり」と「問答無用」の人生を送れば、それが愛の実践であって、愛が力を持ったということで、物質と同等になるわけです。先ほど「物心一如」のところでも少し述べたように、物心一如というのは仏教でよく言われる言葉ですが、禅でもそうで物と心が両方とも大切なのだと言っている人は物質主義に決まっているのです。それほど物質というのは人間に対する力が強い。したがって物質をすべて無価値にして切り捨てて、さらに捨てて何にも価値がないということにすると、初めて物心一如になれると言ったのです。人間は精神だけが大切で、心だけが大切なのです。愛に生きなければ何も無い。それ以外はもうすべていらないというくらいに生きて、初めて実人生という物質と愛の平衡がとれるかどうかという程度です。それほど物質というのは地球上では強い。だから皆さんも少しでも物質を排除した方がいいです。「でも物質も大切だよね」と一瞬でも思ったら、もう完全に地獄に堕ちると思っていい。

一同　（笑）

執行　本当に物質に絡め取られてしまいます。物質は悪魔なのです。キリスト教の文献を読むと分かりますが、悪魔というのは物質のことなのです。天使とか精霊などは形がないのです。それらは「絶対負」の一部です。だから、物心一如のときに、私はそういう説明をしたのです。物質のことは何にも考えなくても、皆さん自然と考えてしまいますから大丈夫です。例えば空気を吸うというのも、吸わなければ死んでしまいますから、空気という物質は大切だなんて思わなくていいということです。空気なんかいらないのだと思ってちょうどいい。それでも呼吸はしますから大丈夫です。

昔の仏教の聖人とか、それこそ達磨など、禅の聖人の本を読んでいますと、自分が呼吸をしているということを悩み抜いている人が何人もいます。そういう人の話に、本の上で私は随分出くわしました。呼吸をしなければいけない自分というのを悩み抜いているのです。そのくらい人間というのは空気を吸わなければ生きられない。しかし、これは要するに物質なのです。だから縛られてしまう。物はとにかくいらない、捨てる、無価値と思っていてちょうどいいということです。

私自身はもう全く物質には価値を置いていない。自分で言うのも何ですが、本当に私は若い頃からお金にも興味がないし、物にも興味がない。今日はきちんとした服装をしていますが、これは社長になったから仕方なくしているだけで、服にも興味を持ったことがありません。何にも興味を持ったことがない。物には興味がないのです。私は何もいらないのです。今でも給料額も知りません。サラリーマンの頃も給料というのは見たことがないし、聞いたこともないし、全く興味がなかった。今でもないのです。
創業して三十五年経ちますが、経理部長が会社の儲け度合から、自動的に給料額をはじき出しています。私はオーナー社長なので給料額を決めて振り込んでもらっているだけで、その振込額を見たこともない。かなりの高収入であることは伝わってきますけれど、何となく分かるだけです。興味がないから見ないのです。ただそのくらい興味がなくても、私もそうですが、この物質社会できちんとやっているのですから、全部捨てても大丈夫です。皆さんも安心して捨ててください。捨てなかったら、物質という悪魔に自分の生命が取り込まれてしまいます。捨てて、ちょうどいいのです。それでも息は吸えますから、安心してください。

「生成発展」はプラス思考ではない

――「新しい人間観の提唱」のキーワードに、「生成発展」というものがあります。私は、プラス思考で日々新たに生まれ変わり、成長していくという意味で捉えていたのですが、今日の先生のお話ですと、「諸行無常」であると。かなり意味合いが違ってきて、その落差がまだ自分では理解できていません。

執行　「諸行無常」というのは生命の根源の話をしています。根源が立って初めて人間は、自分の生命を躍動させられるのです。プラス思考でやらなければ事業が出来ないのは、当たり前のことです。現在言われているプラス思考は物質主義のことで、今の社会のプラス思考を捨てない限り本当の生命的なプラス思考にはなれないのです。現代のプラス思考というのは我利我利亡者という意味ですから、要するに金儲けだけです。

プラス思考と今呼ばれているものを捨てて、初めて本当のプラス思考が身につくのです。だから我々の生命は、つまりこの地球上の人生は、「諸行無常」の悲しい世の中を生きているんだということが分かると、生命を愛する気持ちも出てくるのです。悲哀が分からないなら、人の生命も自分の生命も愛することは出来ない。本当に弱くて儚《はかな》くて、悲しいものだから大切なものなのです。だから、大上段から生命が大切だ、大切だと言っている人は大体、自分の地位の保身をしているか、金儲けがしたいだけなのです。本当に生命が大切だと思うなら、生命が持つ悲しみを教えなければ駄目です。それを教えたのがキリストであり、釈迦なのです。あそこまでは誰もいけませんが、でもそういうことを少しかじったぐらいのことは、人生でやらなければいけない。私も少しかじったぐらいなのですが、その大切さは分かります。

そういうことが分かってくると、ＰＨＰ研究所も多分、戦前の岩波書店のようになれます。愛のために本当の経営が出来るようになる。出版社だと岩波書店がその代表として挙げられるのです。あの岩波茂雄はただの出版社をつくったのではないのです。日本国のために自分の命と会社を捨てて事業を行なっている。日本が一日も早く西欧化して、西欧の思想、文物、科学を取り入れなければいけないという使命感です。松下幸之助の言う「天命」ですね。ではその「天命」がなぜ得られたかというと、岩波茂雄自身の志です。岩波茂雄も「諸行無常」、つまり愛の根源ということを、第一高等学校の学生だったときに、理解したからです。岩波茂雄の伝記を読むと、その第一高等学校の同級生の友人に、藤村操という人がいた。藤村操は憂国の思いで日光華厳の滝から飛び降りて自裁したのですが、その悲しみから立ち上がるときに、生命の根源を会得したという件《くだり》があった。そして、そのときに読んでいた本は阿部次郎の『三太郎の日記』という哲学書だった。ちなみにその本は私の愛読書でもあります。

第一高等学校は当時日本の最高のエリートが行く、トップの学校です。一高の学生だったときに、今言った諸行無常、人生の悲哀、生命の根源、それを理解した。そこで将来の自分がやるべき仕事として、岩波書店を創ろうというのが、一高から東京帝大に上がる頃に志としてあったのです。

彼が志したのは、前向きな姿勢でもない、出版社でもない、本屋でもない。日本国のために自分の命を捨てるということなのです。その決意が出来たということです。その決意が本当の前向きな人生を生み出す。もしＰＨＰ研究所が今、前向きなことを標榜したら、おそらく金儲けに走ることは間違いない。人間はそういう弱い動物なのです。先ほど言ったように、物質的な事柄は言わなくてもやるのですから。そして生きるにはお金が必要です。儲けろと言わなくても、お金は儲けなければなりません。空気を吸わなければ生きられません。ご飯を食べなければ生きられないのです。私も偉そうなことを言いますが、ご飯も食べています。食べなければ死んでしまうのですから。

でも、それに縛られないためには、飯などいらないということを言わなければ駄目です。私は食べ物には一切興味がないといつも言っています。食べ物の話はするなと、興味がないと言っている。毎日あり合わせのものを食べています。あり合わせのものでも食べなければ生きられないのが人間ですから、考えなくてもいいのです。それよりもＰＨＰ研究所が持っている、松下幸之助が日本国の将来を憂えたその思想を社員に埋め込むのが幹部の役目です。金儲けなどはとんでもない話です。

松下幸之助の魂が埋め込まれたなら、儲かるに決まっています。日本一の実業家の思想なのですから。儲けは必要に決まっていますから、儲けがなければ事業の展開も出来ません。ただそれを標榜したら、我利我利亡者を生み出してしまいます。今の日本は大抵の会社がそうなっている。だから昔の岩波書店のような出版社はもうありません。多分、岩波茂雄は、直接の知り合いではないですが、前向きだということは全くないと思います。おそらく愛とか、死の思想を、友人と語り合い、社員にも語っていたと思います。

「もののあはれ」の先へ

――さっきの諸行無常のことですけれども、常にすべてのものが変化して、いわゆる失っていくというか、形あるものは必ず滅する。人間世界のすべてのもの、すべての自分の大事なものが失われていく。それがすべての根本であり、それは宇宙であり、そのことの苦しみを通らなければ、この宇宙の使命が分からないという意味での諸行無常でしょうか。現代人は物が常にあって、求めれば手に入って幸福だと思うから、諸行無常ということを感じなくなる。宇宙的に生きることが出来ない。幸之助の「新しい人間観の提唱」で提唱していることは、すべての人が宇宙的に生きるということを願っているということではないでしょうか。

それともう一つは、呻吟と悲哀というのは、日本で言う「もののあはれ」とか「侘《わ》び」「さび」というのと近い概念なのでしょうか。

執行　最初の質問に対しては、松下幸之助は「新しい人間観の提唱」を通じて、宇宙的に生きることを理解してほしい、そこから人生を導き出してほしいと願っていたということです。そして「もののあはれ」はそれを感じるというものです。つまり「もののあはれ」というのは、生命や存在の持つ呻吟とか悲哀をなんとなく感じるということです。その感じをそのまま表現すると侘びさびになります。しかし、これは日本人の割と悪いところです。「もののあはれ」を感じたなら、「もののあはれ」という考え方を一歩深めて、それを呻吟とか悲哀の認識にまで落とし込まないと、思想を確立することは出来ないということです。

――それを苦しみ抜くということでしょうか。

執行　そう、死ぬまで苦しみ抜かなければ駄目です。今の人たちのように軽薄な幸福論を受け容れて生きている人たちは皆苦しんだら、その見返りとして必ずいい結果を得ようとする。ある程度苦しんだら、じゃあいつまで苦しむのですか、何が分かるんですかと、私も聞かれるのだけど、死ぬまで結論はないのです、人生は。死んでも固定的な結論はない。それも決まっていることです。そこに体当たりしてぶつかっていくのが生命の真の価値だということを言っているのです。生命というのは、呻吟し悲哀を認識し、体当たりして挫《くじ》けて跳ね返されることに価値がある。別にそれでもって何かをやり遂げるとかそういうことじゃないんです。やり遂げなくたっていい。体当たりに価値があるのです。さっきのＰＨＰ研究所の方の質問とも考え方が重なっています。「諸行無常」を理解して、人間の生命の悲哀を理解すると、問答無用の生き方と体当たりが出来るようになる。なぜかと言うと、どちらにしても生命は本当に悲しく、崩れ去っていくものだからです。それを本当に摑めば、この世で何が出来るかというと、あとは体当たりだけです。結果などどうでもいい。結果を問うこと自体が間違っている。物質のことを考えた時点で、その人は生命の道を踏み外すと思ってください。

そのようなことは考えなくても物質は必ずきます。例を挙げて色々なことを言いましたが、地球上では物質を伴わないと生きられない。生命も、そして肉体もです。いくら生命論を突き詰めて考えていても、地球上で我々が生きている限り、物質を捨てることは出来ないですから、心配しなくても大丈夫です。とにかく今の日本で一番間違っている一つの考え方があるのです。それは、命など考えなくても、皆自分の命が大切に決まっていることがよく分かっていない。その決まっているものを大切にしましょうとか、そんなことを国が提唱しているから、もともと強いその本能が増幅して皆が我利我利亡者になってしまう。

極端に言うと、命を捨てろ、肉体を捨てろということをいくら教育しても、ほとんどの人はなかなか捨てられないのです。この違いが分からなければ駄目だということです。だから我々は、肉体が大切なのだということは、あまり思わなくていいのです。どうせ大切にしているのですから。私もそうです。偉そうなことを言っても、やはり疲れれば寝る。私の言うことはきつく聞こえますが、考えるなということを言っているだけなのです。それでも肉体は大切にしているのだと思います。だから私も、六十八歳まで生きてこられたのです。

大切にはしているのだと思いますが、大切にしたいとは思わない。思ったら段々と豚になります。肉体は豚と変わらない。タンパク質の構成から言えば、人間と犬と豚とは変わらないのです。同じ肉ですから、どうしても動物として同じになってしまいます。あまりにも肉体を大切にしていると、我々の魂の本質、つまりこの宇宙の果てを目指し、永遠を目指して生きるはずの人間の魂が、徐々に失われていってしまう。松下幸之助も人間は永遠に向かう魂を持っているということを、ここで言っているのです。だから理解者は少なかったと思います。

いい製品を作るには

――先ほどの物心一如についてお伺いします。物心一如が真の繁栄を生み出すと、「新しい人間観の提唱」の中にはあります。松下幸之助が色々な電気製品を開発し、また女性を家事労働から解放するというようなことをやるたびに、さまざまな物を生み出して、世の中に溢れさせていくという状況がありました。物心一如というのは先ほどお聞きしますと、精神が中心で物ではないということならば、物を豊かにすることによって精神の充実を目指していこうと考えていたのに、それが成しえないから、ＰＨＰ研究所を創ったり、講演をしたり、松下政経塾を創ったりした。そういう風なことであると理解してもよろしいのでしょうか。

執行　松下幸之助はそのような言い方をしている本もあるのですが、私は最初から分かっていたと思います。ただ、幸之助のような大実業家というのは、前回のＰＨＰ研究所での講演のときに時限立法で行なっていると言いましたが、実業家というのはその場その場で、必要なことをやっています。だから、あの時代は戦後の日本社会を見て、物質を供給しない限り日本人は生きられないという状況を目《ま》の当たりにしている。食糧もない国でしたからね、昭和二十年代は。だからまず物質を豊かにすることをやった。それをやっているときに、本当は違うと言っても、皆には通じないです。だから時限立法的な意味で、仏教的に言うと「方便」を使ったということです。

私は、松下幸之助は最初から心だけが大切で、人間は心の動物、精神の動物だと思っていたと考えます。しかし戦後の日本社会ではそんなことを言っても、食べる物がなくては始まらないから通じるわけがない。まずは各家庭で女性が楽になり、色々な人が便利に暮らせるような社会を築こうと思ったわけです。だから松下電器産業がそういうものを作ったのだと思っています。

ただ、普通に家電製品を作った人とは、思想が全然違います。色んな家電製品を作った実業家は何人もいますが、そういう人のことも私は聞いたり読んだりしていますけれども、松下幸之助は生き方が違います。多分、人間の本源を目指して最初から生きていたのだと思います。

だから、結果的に松下政経塾を創ったのは、急にはたと何か気がついて創ったのではないと思います。もともとそういう、晩年になったら何か国のために人づくりをやろうと、物理的に思っているときにちょうど当たったのだろうと思います。

――物を考えてはいけない、ということですが、松下幸之助の物づくりに対する魂というのは、本当に質の良い物を使う人が、その物を通して、精神が高められるというようなことを、思っていたのではないかと思うのですが。

執行　もちろん、そのときは松下幸之助はそのようにも考えていたと思います。だから私の物心一如の考えは、そういう生き方の結論であり結果論なのです。そういう面もあるし、その通りなのです。しかし、体当たりで問答無用で愛に生きている人でなければ、有用な優れたものを創り出すことが出来ないという話なのです。

自分が幸福になりたいとか、金儲けだけを考えているような事業で、いい製品を作ることは出来ません。その日その日の生き方としては、いい製品を必ず作ろうという働きで動いている。そうなっていますが、その働きのもとになる人間的な思想という面では、自分の人生を擲《なげう》った体当たりの姿勢が、そういう製品を作ることとの出来る会社を創ったという話です。だから、すごく立派な精密なものを作ろうという物質的な考えだけでは、良い会社を創ることは人間には出来ない。もちろん体当たりだけでは物が出来ないのも当たり前なのですが、体当たりで生きないと、物を作る出発点そのものに立てないということです。

物の呪物性

——物を作るのは、霊的な事柄だとも言われています。物も霊が成しているのではないでしょうか。

執行　もちろん、そうです。ただし優れた物は、ということです。優れた物は、正しく言うと「呪物《じゅぶつ》」です。呪物という言葉が本当に良い物には一番ふさわしい言い方です。呪物とは神に捧げるために作られた捧げ物です。だから、優れた物というのは呪物なのです。少し宗教的な話になりますが、呪物であるうちだけが、物が凄く売れるということになる。これは覚えておくといい。「売れ、売れ」とはっぱをかけたとしても売れるものではありません。物の呪物性を見抜く人間が真の実業家なのです。松下幸之助はこれにかけて天才だった。人間生活にとって物が呪物のときが、物が売れているときなのです。呪物ではなくなったら、どんなに宣伝しようが、頑張ろうが、売れないのです。

呪物の意味を考えてみます。私が若い頃は、自動車は人生のステータスシンボルであって、男なら自動車に乗っているだけで女にモテました。いい車に乗れば女にモテるという、自動車であって自動車ではないのです。それが当時の自動車が持っていた呪物性です。それを持っていることによって、社会的評価が高まり、女にもモテる。そういう神がかり的なことが起こる。神がかりが起こるから呪物と呼ばれます。

今は自動車から呪物性がなくなったので、あまり売れない。車はただの鋼鉄であって、呪物ではなくなっている。だから若者にいくら宣伝しても人気が出ない。昔は私が若い頃までは、皆、食べるものも食べないで車を買っていた。本当に、若者なんて皆食べるものも食べなかった。車は一番いいものを買うけれど、カップラーメンしか食べない。カップラーメンしか食べなくても、車は何が何でも欲しい。何でそう思っていたかと言えば、繰り返しになりますが、車が呪物だったからです。車を持っていれば、何か格好良いし、それだけで評価が上がる。それから人生の先が明るくなる。

アメリカでヘンリー・フォードが「T型フォード」を作ったときの宣伝文句もそうでした。車を持つということは、イコール幸福を摑むことであり、人生の成功者に成ることだった。車を持っただけで、自分は幸福だと思い、成功者だと思える環境があった。それが、ヘンリー・フォードがT型フォードを作った時代だった。そのときは、もう狂ったように売れたわけです。家電製品も昔、言葉は皆覚えているか分からないけれど、冷蔵庫とテレビと洗濯機が三種の神器と呼ばれた。そういう物を持っていると、家電製品が家電製品ではなくなる。家電製品が呪物になっている。それが偉大なる魔法の杖であり、自分の肩書きにもなり、憧れの対象にもなる。その物が今は何かというのを、絶えず見極めていくのが実業家で、見極める目が狂えば会社は潰れてしまう。だから家電製品も高度経済成長期でどんどん売れていた頃は、家電製品が家電製品としての価値だけではなかった。私は前回の講演でも言ったのだけれども、例えば悪い意味では嫁姑との戦いを作り出した。つまり、ただの物ではなかった。

古い日本の勢力を代表する祖母と、新しい人間代表の母親が、家電製品を一個買うたびに喧嘩をしていた。祖母は「そんなものを買って、そのうち馬鹿になる」と言って、母親と嫁姑の喧嘩をしていた。古い日本を象徴する「お前のようなばあさんとは私は違うんだ」と母親は思っていたに違いない。そう思えるものが呪物なのです。高度経済成長期に日本人がどんどん買っていたのは、そういう意味があるわけです。その代表が車であり、家電製品だった。

その一世代前になると、カメラがそうです。戦前、うちの父親や母親が学生だった時代は、それこそ一番いいカメラはドイツ製のライカが代表だった。カメラもいいものを持っているのが、最も進歩的で頭が良くてスマートで、いいとこのお坊ちゃんを意味する呪物だった。やはりその頃の人は、写真がとてもうまい。うちの父親が学生時代に撮った写真を、私は凄く大切にしているけれど、皆すばらしかった。だから、物が呪物のあいだは、皆が神のようにその物を崇《あが》めている。その結果として、それを持っている人はカメラの腕もうまくなるのです。今は、写真はすべてが遊びだから、もう全然駄目ですね。

車も今は、大体、若い人は皆、運転が下手でどうしようもありません。車の運転がうまいというと、やはり私たちの世代になる。私はもう六十八歳ですが、私より十歳くらい上までです。ものすごくうまい。なぜかというと、車が神だったからです。若者は皆、車狂でした。だから練習もやはり真剣だったのではないでしょうか。こんな歳になっても私はまだ運転しているけれど、乗せた人全員にうまいと言われます。今の若い人は皆下手くそです。うまくなれと言っても駄目です。車が呪物ではないから、車の運転がうまくても格好良くもないし、女にもモテないし何も良いことはない。

商売もそういう物とすべて相関関係があるということです。この辺の見極めが、松下幸之助などは本を読んでいると凄い。だから戦後は物づくりに決まっているのです。戦後の日本では、物が神だったのです。先日のＰＨＰ研究所での講演でも話しましたが、今の時代に松下幸之助が生き返れば、こういう物づくりの産業は多分やりません。おそらく手作り産業とか寄り添い産業とか体験産業、そういうものを凄く儲かるように大規模な事業として考えたと思います。

昭和二十年代は、全部が物づくりです。私が勤めていた三崎船舶工業㈱という会社も、海軍の造船技師だった平井顕が、終戦になって船が戦争で全部沈んでしまって無いので、日本国の発展のために、経済発展の先兵になろうと思って三崎に造船所を造ったのが始まりです。その社長を尊敬して私はそこに入社したわけです。平井顕も今生きていれば、造船所など造るわけがない。今の日本には、船など造ってもありがたがる人はほとんどいませんからね。

問答無用と体当たりの仕方

――生命的に正しい生き方をしている人は、問答無用と体当たりをしていると仰いました。例えば、欲望に満ち満ちていて、その人が周りの人の言うことも聞かずに勝手にやっていくのも、似たような様子に見えてしまうこともありはしないかと思うのです。そのときに、崇高の定義にあるような姿がそこに見えるかというのが、一つの正しい生き方になっているかどうかの指標ということになるのでしょうか。

執行　もちろん、問答無用と体当たりの思想は、正しいやり方でどのようにするのかというのが人生論と言えます。ただし問答無用と体当たりは、今言われたように間違ったことや欲望にかられたことでも起きている。確かにそれも形としては同じに見えます。だからそれを正しいことで出来なくては駄目だという話です。悪いことと良いことというのは、外見は同じなのです。ここが人生の難しさと言えば難しさです。教育ママが我が子を良い子にしようと思って、子どもの教育に熱心すぎると、子どもが無気力な馬鹿になってしまうのと同じです。人間というのは全員、良いところは即悪いところなのです。すべてが表裏一体になっている。

これも言ったことがありますが、例えば私は親からも怒られ通し、先生からも怒られ殴られ通しだったわけです。執行はこうだから駄目、ああだから駄目だ、お前はこれだから駄目だと先生からも父親からも言われ通した事柄がたくさんあった。私は父親に死ぬまで勘当されていたくらいですから。それでその先生と親が、お前の一番駄目なところだと言っていたところが、私を好きな人はそこが私の一番好きなところで、最大の魅力だと皆言うのです。つまり短所と長所は同じものなのです。ここが人生の難しいところとも言えます。

問答無用と体当たりで生きるためには、その核心に愛が必要だと私がいつも言っているのは、正しくやるためにということなのです。確かに間違った方法でやっている人もいる。金儲けのために命懸けで、命を捨てることを何とも思わず突進して、本当にそのまま死んだという人もいる。もちろん、そんなものは少しも偉いことではない。それでも確かに体当たりは体当たりなのです。生命的に言うと別にその人は間違いではない。ただ価値はないということなのです。だから価値のある生命を築き上げるには、愛に基づく体当たりが出来なければなりません。そのためには、今言ったようなことを学んでいかなければならない。学ばないと多分、体当たりとか問答無用というのは、欲望でしか起きてこない。

受験勉強なら、今でも結構、必死にやれる人もいると思います。しかし受験勉強というのは自己の欲望です。要するに偉くなりたい、出世したい、名のある大学に入って格好つけたいというような、大体そんなところです。しかし、本当の志さえあれば、すばらしい受験勉強をすることも出来るのです。志が立っていれば、受験勉強そのものも自分の生命のためになるのです。また、国家社会に自分の生命を捧げるために、自分はなるべくいい大学に入って、この学科で学びたいという理由で、死に物狂いの受験勉強をすれば、それはまたすばらしい人生の真の出発にもなります。悪い欲望だったら、もともとやっている人はたくさんいます。それでも形が同じなので、非常に分かりにくい。形はすごく似ている。しかし、この二つの受験勉強は、人生論で言えば、全く別ものと言ってもいいくらい違うのです。私が、不良性も理解していなければ何にも出来ない、と言っているのと同じです。不良性がなければ、反面の美しい志も立ち上がらないからです。善行をなすことと、不良性というのは同一なのです。松下幸之助は大変な不良と言ってまず間違いない。私が保証します。違っていたら腹を切ってもいいくらいです。

一同　（笑）

執行　私の裏表も誰も気がつかないですよね。私も全然分からないと思います。誰が好きか嫌いかも顔に出ないから分からない。しかし、その裏表はしっかりと内部にはある。これはものをやるには表裏一体だから仕方がない。だから悪い人間が良いことも出来るのです。政治家なんかもよく言われていますが、あまりクリーンにクリーンにと言っていると、外国との戦いにおいても、外交交渉なんか全部負けてしまう。外交交渉で勝ち抜く人は悪人に決まっています。プーチンを見てください。元ＫＧＢの長官ですよ。スパイの親玉です。人の弱みを握っては脅迫したり、悪いことだけをしてきた人間です。だからロシアは今強いのです。そういう人間が国民のためになる人なのです。だから、悪いとは言えない。人生論というのは面白いんですよ。善人は何も出来ないのです。

今の日本人はほとんど、国家が善人に育てているので何にも出来ません。どの人も働くこともしないのです。各家に皆引きこもりの子が一人はいます。私が知っている限り、大体兄弟が二人いると、どちらか一人は引きこもりで親の年金で食べさせてもらっているというのをよく聞きます。こんな国民はどうしようもない、話になりません。なぜかと言えば皆、善人だからです。悪の要素が入っていないから、ものが出来ない。だから難しいのです。でも悪いことをするのも駄目ですから、もうどうしていいか分からなくなってしまうのです。ものを為す、特に善いことを為すのには、もともと悪い考えがなければ為せないのです。ここを分かってもらいたいがために、私も苦労して話しているわけです。

松下幸之助は簡単に言うと、大悪人だから国家社会のためになれたということです。この大悪人というところを多分、一般に成功した実業家を見ていると、周りにいる人は許さないのです。したがって、非常に孤独だったのではないかと、私は思っているわけです。このくらいの悪人になると、時代的にもその辺は敏感なので許さない。なぜなら今の時代は、女性的な許しの善人が好きだからです。好き勝手にふるまう消費文明が主流で礼讃される時代風潮ですから、秩序や文明的な厳しさは嫌われるのです。だから、文明的な生産の最前線で善悪を二つとも呑み込みながら活動している人間のことは分かりづらいのです。

日本と天皇制

——正しいことをするための基準として愛があるということなのですけれども、今の政治家を見ていてもかなり欲望に塗《まみ》れた人が多いと感じます。

執行　政治というのは、人間社会の根本を支え、文明の最も根源的な事柄を取り扱っている尊いものなので、それを行なう政治家がどうのこうのと言われると、いつも困ってしまいます。まず、現代には本当の政治家はいません。評価のしようがない、もう開いた口が塞がらないとしか言いようがない。

今の政治家は、先ほども言いましたが、政治家ではない。あれは芸能人です。だから芸能ネタとしての話なら出来ますが、政治の話題になるとかなり厳しいものがあります。人の人気を考えているのは政治ではありません。政治家というのは、根源的に自分の身を擲《なげう》って、国家百年の大計のために自己の生活や生命を捨てることを厭《いと》わない人のことです。これは歴史的に決まっていることです。しかし、そのような人は今、まずいません。いたとしても、選挙には出てこないでしょうから政治の世界にはいません。だから、政治をまともに考える人は誰も興味がなくなるし、厳しいというのが現状です。今の日本人でも志を持った人はいると思う。しかし志が本当だったら、今の政治家にはなれない。嘘をつかないと無理でしょう。人気取りと真剣な真心は、なかなか両立しないのです。

――私も選挙を色々見てきて、かなり正しいことを言ったり、自分の信念や愛を突き通している人が落ちたりするのをよく見ます。嘘つきが当選する現状に鑑《かんが》みて、どうすればしっかり愛を持って国家社会のために尽くすような人を国民が選出できるのかということですね。

執行　話すと元も子もなくなってしまうので、私も言いたくはありませんが、日本の選挙制度はきついです。これはやはり西洋の制度で、キリスト教という宗教があった国において初めて実現可能なもので、日本は大家族主義の国なので、皆、情になってしまう。どちらにしても正しい選挙制度というものが樹立することはない。日本がもし正しい道に戻るとした場合は、日本の歴史に根ざして、武士道の精神に戻って、天皇家を宗家と仰ぐ大家族主義に戻るしか復活の道はないと思います。ただし、歴史は逆戻り出来ませんから、新しい大家族主義をどうつくれるかということにかかっているように思います。

歴史的に、日本文化というのは良くも悪くも天皇あっての文化だから、日本から天皇がなくなると、ただの「列島」になってしまいます。東アジアの列島です。この列島だったところが日の本と呼ばれ日本と呼ばれる一つの文明圏になったいわれは、良くも悪くも天皇制とそこから派生した武士道なのです。そして天皇制を中心として天皇家から分かれた大家族制度です。たどると最後には大家族の宗家が皆、天皇家とつながっていくような、この大家族制度が日本の文明を生み出しているのですから、そこに戻るしかない。

――大日本帝国憲法下で政治が乱れて、戦争に突き進んで間違った方向に行ってしまったという場合も、天皇を中心とした制度でしたが……。

執行　大日本帝国憲法の天皇は西洋的思考が生み出した天皇です。西洋の猿まねをしたから間違えてしまったのですが、私が今言っているのは大家族制度の天皇です。天皇というのは日本人全部の宗家で親なのです。だから、京都御所を見れば分かる通り、無防備で石垣も何もない。日本の正しい考えというのは、天皇が親として存在し、あとは皆、その子どもということなのです。それがヨーロッパのまねをして、天皇の統帥権だ何だと言って、ヨーロッパ的国王のようなものをつくろうとしたから間違えた。明治からの天皇制は全くの間違いで、あそこに天皇制の印象をおかない方がいい。天皇のあり方としては、実はアメリカによってつくられた今の「象徴天皇」の方がずっと本来の天皇のあり方に近い。偶然ですが、この象徴天皇の方が、日本の従来の天皇像にずっと近いのです。ただそれを運用するだけの、日本的な大家族制度が崩壊してしまったので、今運用が出来ないだけです。しかし天皇が象徴になったので、もう一回、日本が本当に大家族主義以外は、日本国が文化的に立ち直らないのだということが分かると、天皇制の下に国は立ち直ると思っています。

欲望は考えない

――欲望の話についてですが、松下幸之助は欲望を否定せず、ある程度は認めた部分があるのではないかと思います。ただ、その欲望は物質や自分の幸福、自分の安全だけを考えた欲望とは全然違うと思います。松下幸之助が大事にしていた欲望は、日に新たな活動の原動力と言いますか、その源泉としての欲望だと思いますが、その欲望についてのご意見を聞かせていただけますでしょうか。

執行　欲望は、大切に決まっています。大切に決まっているので、大切にする必要がないと私は言っているのです。そうでなくても、欲望に塗れて地獄に堕ちるのが人間の性《さが》なのです。だからあえて考えるなということです。考えなくても欲望の通りにいきます。その欲望を抑えて、抑えて、「物心一如」のところでも言いましたが、どんなに欲望から離れようとしても、絶対に離れられないのが人間なのです。キリスト教ではこれを「原罪」と言います。原罪と言って生まれる前から持っているものだから、鞭《むち》で叩いて、叩いて、さらに叩いて、叩いても無くならない。だから考えては駄目だと言っているのです。そのようなものを大切だと言っている社会を作ったら、限度を弁《わきま》えぬ欲望塗れの世の中になってしまいます。かなり叩いて、やっと「弁え」が生まれるぐらいのものでしょう。そうでなくとも皆大切だと思っているのだから、欲望というのは叩きに叩くくらいでちょうどいい。それでも無くならないのです。なんとなく分かりますか。

――それでもやはり松下幸之助は欲望について、否定はしなかったのではないかと思いますが……。

執行　松下幸之助は大実業家だから、ある意味では嘘つきというか、方便を使っています。欲望を最も大切にしていたら、あんな大事業が出来るわけがないという話です。そこが分からなければなりません。そして、幸之助の言っている欲望は、基本的には体当たりの生命力の話なのです。それは生命力であって、一般的に言う欲望ではありません。

人間としての生命力とは、つまりは精神力です。そのような精神的なものから生まれてきたものによって初めて、欲望があっても良い活動が出来る。その大本の精神のことを幸之助は欲望と言っているだけです。だから取り立てて一般に言う欲望は考えなくていい。どこで大切だと言っているか分からないけれど、言葉としては言うと思います。大切は大切なのです。しかし大切だけれど考えなくていいということです。そうすれば、一般的な欲望は徐々に精神力という崇高な欲望の支配下に入っていきます。

――松下幸之助の場合は、欲望というのは生命力の表われであるということを言っていて、その欲望をいかに適正に満たすかということで、これが政治だと言っている。ですから、全く考えなくていいというよりも、いかにこれを適正に満たすかというのが、世の中の繁栄・平和・幸福に資することではないかと思うのですが。

執行　その通りですが、考えると適正には満たせないものが欲望なのです。考えないことによって、ちょうどいい欲望の具合になると言ってもいいのではないでしょうか。だから適正にするために、考えては駄目だと私は言っているのです。ここが難しいところですが、考えると必ず欲望は天井知らずに増大していきます。考えないことによって、何か適正にする知恵が生まれてくるのです。だから松下幸之助の言葉は、欲望という言葉を使っていても、その実際は「問答無用」や「体当たり」、そして「突進する勇気」のようなものではないかと思います。もちろん、それも良い意味の欲望には違いありませんから。

松下幸之助自身は、そういう物質社会の動きというのを、普通の人以上に摑んでいるというのは間違いない。それは松下幸之助が持っている精神性とか宗教心とかそういう目に見えないものが、それを成していると思うのです。そして、その根源は諸行無常とか呻吟の心が、かえって本当の物質の価値を見出しているということを私は言っているのです。本当の精神的な欲望とは、世間的な欲望を捨て去ったところから生まれてくるものだということです。幸之助の欲望もそういうものだろうと思います。正面から簡単に物質の価値を見出そうとすると、なかなか見出せないのです。

例えば、戦前の日本人がどのくらい貧しく悲しい人生を送ってきたかということを、松下幸之助は自分が貧乏だったこともあって、多分、血の中に思い知っていたのだと思います。その人にして初めて、本当の物質の豊かさというものの価値が分かるのです。

物質主義の中心である家電製品とか自動車とか、これらが戦後の成長の大きな原動力でした。こういうもので松下幸之助は大成功した。松下幸之助は戦後的な物質主義の中で一番成功しているから、その物質主義の儚《はかな》さというのも、一番知っていた人だったと私は思っているのです。

欲望と愛

――今お話を聞かせていただいていて、欲望と愛は、実は一緒の似たようなものかと思いました。物質から来るものが欲望で、精神的なものから来るものが愛ということなのではないか。愛の方も例えば、世の中のためだと言いながら、最終的にそれを言い過ぎると欲望になってしまったり、逆に欲望は物質のために起こるのですが、根源から出てくるものであれば、最終的に愛に変わっていったりする。それは欲望と呼ぶか、愛と呼ぶかだけの話で、根源は一緒だと捉えたのですが、いかがでしょうか。

執行　その通りで、全く根源的には同じものなのだけれども、それをどう出すかですよね。生命エネルギーとしては裏表になっている。だから出し方なのです。さっきから話しているのは、言葉にあまりつられるといけませんが、よく出せるというのは、その都度、愛の方に自分が意志をもって制御するところから出てくるということなのです。物質主義からは、人間生活にとって良い物質は出てこない。反対に愛の中から良い物質が出てくる。逆に愛は気をつけていないとすぐに物質的な欲望に変化してしまう。それを修行によって制御するのが人生論なのです。だから必ず、人間にとって良い物質を生み出すものは、物質を否定している精神主義であるということを言っています。

松下幸之助は良い物を生み出しているから、絶対に物質主義者じゃなくて、精神主義者なのだという話をしているのです。ただ、実業家ですから、物質そのものはくだらないものだとか、そういうことは言わなかったと思います。松下幸之助がしゃべったことに振り回されない方がいいと思う。松下幸之助が有用な物を作ったということの意味がどういうことかを考える必要がある。物を有用に使えるということは、それと反対の考え方が分かっていないと使えないということです。貧しさなら貧しさというものを知っていないと、豊かさを使えない。貧しさを知り抜いている人が豊かになった場合、豊かさをもちろん悪くも使えるのですが、良くも使える。豊かさしか知らない人は、豊かさを生命的に活用することは出来ない。活用しているものというのは、必ず陰と陽の反対側の方が強くある人が活用しているのです。

松下幸之助は多分、物質を超えて、物質のことを非常に価値が高いと思っている人ではなくて、精神をものすごく重んじている。本当は物質に価値を持っていない人なのではないかと思っている。そのくらいに思わないと、本当に有用な物質を開発することは出来ないということです。これは大体、歴史上どの人を見てもそうです。ほとんど例外がない。今みたいに幸福になりたい人というのは、幸福になれない。幸福になる人は、不幸を厭わない人なのです。自分が幸福になりたい人間は、絶対に幸福は手に入らない。国のために自分の命を捧げるとか、自分はどうなっても誰かに幸せになってもらいたいとか、不幸を厭わないとか、そういう人が初めて歴史上でも幸福を掴むことが出来る可能性があるということです。

――松下幸之助が言った繁栄というのは、物質的な繁栄ではなく、心の繁栄、精神的な繁栄も含めて、物心一如のことを言っていたのだと思います。だから松下幸之助が言う欲望が、普通とは少し違っていたということではないでしょうか。本当に自分を捨てて、本当に人を幸せにしてあげたいという欲望、自分を犠牲にしてでもこの国のために何かやりたいという、そういう風に湧き起こることも欲望として捉えて否定しなかったのではないかと。

執行　そういうことですが、そういうものは一般的には欲望とは言わないのです。もっと精神的な言葉で表現されるものになっています。欲望そのものは根本的に否定できないのです。どちらにしても人間の存在の中心です。だから、私が言っていることは、わざわざ大切に思う必要はないということなのです。欲望は、捨てて捨てて、欲望なんて関係ないという生き方をしてちょうどいいということを言っているのです。

今の社会というのは、欲望を良いもので大切だと考えて当然だと思っているでしょう。大抵の人がそう思っている。美味いものを食べるのは当たり前だと思っているわけです。だから我利我利亡者になり、餓鬼道に堕ちると言っているのです。美味いものを食べたいとは、誰でも思っている。だから、そういうのは控えて思わないようにしないと駄目だと思っていてちょうどいい。

昔の人はそういうことを言ったら、卑しいと言ったものです。美味いものを食べたいなんて思うことは、私が子どもの頃までは、卑しいと言われていた。それが戒めとして働いていたのです。私も実際に食べるには美味しいものの方が好きに決まっています。美味いものはいいに決まっている。だから、追い求めてはならないということです。分かりませんか、そこのところが。松下幸之助もそうに決まっているので、欲望は良いことだなんて言うわけがないのです。ただ、欲望は必要です。欲望は、原動力なのです。その欲望をどうやったら良く出せるかということです。結構、欲望にこだわりますね。

一同（笑）

執行 やはり皆人間だから、深くそうだと思ってもらうのが一番です。もし分かりづらい人は何を思っているのかというと、多分、簡単な答えが欲しいのです。結論はありません。戒めというのは、死ぬまで、そう戒めなければ駄目なだけです。だから今言った、美味しいものが欲しいなどと言ったら、昔は卑しいと言われた。そう言われていてちょうど嗜《たしな》みがある人生を送ることが出来るのです。美味しいものを食べるのが当たり前で、権利で、それがなんだ、人間として当然なのだと思ったら、今テレビによく出ている連中と同じ我利我利亡者です。仏教的に言うと、餓鬼道に堕ちるということです。今はそれが分からなくなっていると言っているのです。

――松下幸之助の欲望は、美味しいものが食べたい、自分が幸せになりたいという欲望とは、捉え方が少し違ったのではないかという疑問が残ります。もちろん、私的なことは捨てて、そしてまた捨てて、とした上でです。

執行 ただ、欲望がすべての原動力であるのは確かですからね。欲望を否定しているわけではないのです。人生論とは、その用い方を話しているのです。

――松下幸之助は、私的欲望と公的欲望という言い方をしているわけです。出来るだけ私的欲望は抑えて、公的欲望を出さなければならないということです。

執行　公的欲望のことを志とか使命と言うのです。そして何よりも昔の日本人は「義」と呼んだ。公的欲望だと、悪い欲望と混同しやすくなってしまうと思います。そういう現代的な正義なら、今の政治家でも皆持っています。しかし、愛や仁に支えられた本当の義はそんなにたやすく到達できるものではないのです。日々の鍛練なくして、本当にすばらしい欲望を人間は摑むことが出来ません。普通は、大体において自分に関わるものは、悪い方の欲望です。そして、その本能的な悪い方のものを一般には「欲望」と言うのです。ただ、それは誰にでもある。あっていいし、これは私もすごく強いし、これがなければ原動力がない。ただそうだから、自分の欲望なんかは可愛がる必要はない。可愛がらないで、捨てる。捨てても必ずあるのだから。しかし今のこの戦後の文明を見ると、自分が持っている欲望を可愛がる文明なのです。欲望を当然だと思えば、これはあまりにも弁《わきま》えがなく、かつ仏教的に言えば、餓鬼道に堕ちる思想です。だから幸之助はそれを持っているわけがない。

――むしろ、今の若い人たちは欲望すら持っていないような気がするので、そちらの方が心配です。

執行　いいえ、実は卑怯な欲望を持っています。私に言わせれば、欲望を丸出しにしている人間よりずるいということです。言葉は間違いかもしれないけれども、黙っていて、美味い汁を吸いたいということですね。今の若者はほとんどそう思っています。だから家から皆出ないけれど、親のことを愛している人は、私の世代よりずっと少ないです。親元にいた方が得だからと、そういう考えです。欲望がないと思ったら間違いで、ものすごく薄汚い欲望です。

丸出しになっている欲望というのはまだきれいです。金持ちになりたいとか、美味いものを食べたい、きれいな服を着たいというのは、昔の人は餓鬼道と言ったけれど、まだきれいな昔ながらの欲望なのです。餓鬼道だけど、可愛げはある。今の若い人は、可愛げが全くないし、薄汚い。黙っていて得を取りたいというような人たちです。昔だったら殴られて蹴っ飛ばされますよ。一見、欲望がないように見えるのです。しかし欲望は私の世代より強いと思う。美味い汁を全部吸っている。私などは若い頃、皆から殴られ、蹴られ通しで来て、今の若い人に比べたら落第坊主で馬鹿です。意見とかどんどん言うから、先生から殴られ通しです。殴られても絶対怯《ひる》まないという方だったけれど、そういう明るい欲望の人はいない。ただ、欲望がないというのは間違いです。あくまでも悪い本能的欲望の上に、良い欲望は積み上げられていくものなのです。

権利主張・マスコミについて

――「新しい人間観の提唱」の三年後に、まさに先ほど配らせていただいた「新しい人間道の提唱」（巻末資料二〇〇頁）ということを松下幸之助は言っています。人も物も森羅万象すべては自然の摂理に従い、あるがままに認めて容認しようと書いてあるのですが、最近は両性の平等とか、男女平等だとか、レズビアン、ゲイとかそういった問題の取り組みをしている方もいます。弁護士の仲間でそういうことに問題意識をもって取り組む方もいるのですが、ただそれに取り組むことで、もちろん救われる人もいるのですけれど、他方でそのこと自体があるがままを認めていないのではないかというのが、すごく自分の中にあって、その点についてのお考えをお聞きしたいです。

執行　今は人間の性欲は壊滅的な状態に入りつつあります。生命をないがしろにする現代文明によって蝕《むしば》まれた肉体の悲鳴のひとつなのでしょう。したがって過去に異常と見られていたものも、その実質はもう異常ではないのです。過去の常識から言えば、すべての男子は無精子症に近い状態にまで陥っています。正常値の操作によって医学的には正常だと言っているだけなのです。その他を挙げていけば徹夜の話になるでしょう。もはや正常と異常の境界線は失われつつあるのです。だから、今のあるがままは何かを考えなければなりません。善悪の問題ではないのです。私はゲイもレズビアンも悪いとは思いませんが、最近のＬＧＢＴの問題というのは、それを権利として主張して、人の容認を取ろうとしている点に引っかかります。それは問題点が違う。法的問題の権利とかそういう話なのです。愛と結婚制度を一緒にしてしまっている。結婚制度というのは、文明であり所有権と相続権の確認です。どちらかが死んだとき、財産を相続する権利があるとかないとかそういうことを含むわけです。

本当の愛というのは、結婚制度など関係ない。ジャン＝ポール・サルトルとボーヴォワールは、お互いに尊重し合う愛を持っていたから、永遠に結婚しなかった。サルトルは、私の好きな実存主義の哲学者です。権利というのは損得の話なのです。だからLGBTなんかも汚い話なのです。要するに、何かあったときに保障がどうなるか。それから同性同士の結婚で死んだときに、相手の遺産を相続できるかどうかとか、そういう話だから、愛とはまた別の問題ということです。私は性の変化はいたし方ない現代の状況だと思いますが、その権利を他人に認めさせようとする考え方は大嫌いです。好きなら二人で助け合って生きればいい。その覚悟がないなら変わったことを言うなというのが正しい考え方だと思います。そのくらいの勇気がないなら、生意気に変わったことなどしないで、おとなしく社会常識にしたがっていろと言いたいですね。

――もう一つお聞きしたいのは、先生は赤穂浪士《あこうろうし》のことはどうお考えでしょうか。

執行　武士道は好きだけれども、赤穂浪士はあまり好きじゃない。武士道ではないからです。大石内蔵助《おおいしくらのすけ》という人は非常に政治的な人なので、嫌いです。殿様が殺されたので飛んで行って、敵に体当たりして自分も死んだと言うのなら、すばらしい話です。ところが計画を練って色んな操作をして、討ち入りが成功した後にすぐ死なないで、幕府に切腹の命令を出させようとしている。そして、生死のどちらの結論が出ても、幕府が悪くなるように仕組んでいる。要するに、幕府の権威が失墜するように追い込んでいった。もし私が江戸時代に生きていて、自分の親が殺されたなら、敵のところに飛んで行って、叩き斬って自分もその場で死ぬという人間になりたい。好き嫌いという話で言えば、赤穂浪士は政治的で嫌だということです。あまりにも後世の美談をねらっている。今流に言うと、マスコミ的なのです。私はマスコミは大嫌いです。とにかくテレビも新聞も、マスコミは大嫌いなのです。

——私は赤穂浪士自体が好きというよりは、赤穂浪士を裁いた荻生徂徠《おぎゅうそらい》とかが好きで、公私のけじめというか、そういうところに感心しました。

執行　荻生徂徠は革命の哲学者です。朱子学の日本化を目指しているように私には見える。だから荻生徂徠は好きだけれども、赤穂浪士は色々なところで政治的に引っかかる。それから、武士道を感じないというところが、私みたいに『葉隠《はがくれ》』が好きな人間は魅力を感じない。一言で言えば政治的だと感じてしまう。

——後に『仮名手本忠臣蔵』によって民衆はすこぶる赤穂浪士が好きになった。

執行　だから、大石内蔵助の思った通りです。後世の人の賛同を得たいとか、そういう人間は全部嫌いです。一言で言えばマスコミ的だから、その通りになっただけです。今でもマスコミはマスコミ的な人間が好きですからね。

覚悟について

——松下幸之助の人生は周りの人からは理解されにくかったという一方で、「体当たり」の連続の人生や理想を求めていった。しかし死ぬ間際まで理想は達成できなかったというか、志半ばで亡くなっていった印象があります。松下政経塾でやりたかったことも、結局は未完だったように思えるのです。

執行　松下幸之助は、本当に未練と失望の中で死んでいったと私は思います。現実はもちろん知りませんが、幸之助の人生を考えたら、そう思います。ただそれは、幸之助が気宇壮大《きうそうだい》だったからで、普通の人間の失意や不幸とは内容が違います。今度、ＰＨＰ研究所で行なった前回の講演と今回の内容が纏《まと》まって本（本著『悲願へ』）として出ると思いますから、そこに松下幸之助について私の思うことがすべて書いてあるので是非読んでください。幸之助は大きな失意のうちに死んだ、本当に涙の中で死んでいったのですが、最後の望みが松下政経塾だったということは確かです。だから、本当に松下幸之助の夢を叶えるような人が松下政経塾から出てほしい。幸之助にとっては、パナソニックは何の成功でもない。成功だと思っているのは、庶民が思っているだけで、松下幸之助の中では何の成功でもないのです。思っていたことの十分の一、二十分の一も出来ていなかったでしょう。幸之助は、その精神性のほとんどが未完のまま後世に夢として残されました。先ほども言ったように、気宇壮大だったからです。未完そのものは何の不幸でもない。それは当たり前なのですが、やはり日本を立て直す真の政治家を育てられなかったことだけが心残りで、未練であったに違いありません。

――それでも松下幸之助は体当たりで、いい人生であり、燃焼したということはないのでしょうか。

執行　そうですね。生命的には燃焼したに決まっています。でも、不幸だったということです。本当に燃焼した人生はかえって世間的には不幸なのです。エネルギー量の大きな生命はこぢんまりと纏まることはありません。大体、幸せな人は燃焼していない。幸福だなどと思われている人は、すべて駄目だと思った方がいい。歴史を見れば分かる。他人が不幸だと思う人が、生命を燃焼しているということです。だから松下幸之助級になると、巨大な不幸を背負って、巨大なエネルギーのすさまじい人生を送ったということに尽きます。幸不幸など、どうでもいい人生だということです。私は、不幸だと思われる人生を送ろうと思っています。今のところ、あまりそういう風に見えないみたいですが。

一同　（笑）

執行　見えないので困っています。やはり不幸でないと生命の完全燃焼には至っていないように思うのです。不幸がいいと言うのではなくて、他人が見て不幸に見えるぐらいの生命がいいのだということです。他人から見て幸せそうに見えるのでは駄目なのです。不幸のどん底で死ぬくらいの覚悟がないと、本当の人生は拓かない。

――その覚悟ということについて、最後に少し話していただけませんか。

執行　不幸のまま死んでもいいと思わなければ、人生の本当の覚悟は生まれてきません。不幸でいいと思う心が、問答無用と体当たりの人生を招き入れるのです。少なくとも私は幸福になりたいとは思っていない。だから何でも出来るし、何でも言える。自分の信念の通りに生きて、全く不幸になっても一向にかまわない。そんなことは、どうでもいい。親からもらったこの生命を、思いっきり信ずる道に叩きつけるだけだと思っています。覚悟のない人生は、自己の生命を殺します。そして幸福を志向する心が、必ず覚悟を怯《ひる》ませるのです。松下幸之助は覚悟の人生を送ったのです。その人生は、不幸に決まっている。だから私は尊敬しているのです。松下幸之助は自分自身の武士道を生き、そして死んだということです。不幸で未完の人生をです。死ぬときの状況などどうでもいいのです。松下幸之助の不幸を本当に感ずる人が今後に出現すれば、その人が幸之助の遺志を継ぐのです。人間の遺志を継ぐとは、その人間の「涙」を引き継ぐということに尽きます。松下幸之助のやり残したことを継承するとは、その不幸と未完の涙を受け止めるということです。だから、松下幸之助の遺志を引き継ぐには、自分の人生を捨てるような本当の覚悟が必要なのです。

「執行草舟×佐藤悌二郎　公開対談」

晩年の松下幸之助

佐藤　対談ということなのですけれども、私の方からお伺いしてお話を聞く形になろうかと思います。以前、執行先生がＰＨＰ研究所で、「繁栄・平和・幸福」についての話をされたときに、もし松下幸之助が生きていたら、これからは「清貧」の方に向かうのではないかというお話がありました。松下幸之助がＰＨＰ研究の初期の頃によく言っていたのが、清貧ではなく「清富」を目指そうということでした。清くて富んでいる。正しく富んでいる。それを目指す、それがＰＨＰ理念だということを言っています。

執行　私が言っている「清貧」とは、その「清富」のことです。それを従来の日本語では清貧と言うのです。「貧しい」というのを、悪いイメージとして考えないために清貧という言葉があるわけです。貧しいことが真の豊かさになるから清貧なのです。貧しい者が貧しかったら、ただの貧乏です。貧しいことがすばらしいことになるのを清貧と言う。豊かで美しい生き方を、日本語では清貧と言います。だから松下幸之助は独自の語彙《ごい》を生み出して、それを清富と言っています。私の松下解釈ですと、やはり従業員にも分かりやすく、絶対に勘違いしないように言ったのではないかと思います。「富」という字をつけないと、私もそうですが、間違えられることは結構多いです。私が「清貧の思想」というのを話すと、執行草舟は貧しいのがいいと言っていると言われる。それはないです。貧乏なんか私は大嫌いですから。

一同　（笑）

執行　私は生まれつき家も裕福だったし、もともと貧乏は大嫌いです。ただ真の豊かさというのは、お金があるとか、家が大きいとかそういうことではありません。日本語で清貧という真の豊かさは、貧しいということではなく、弁《わきま》えと教養を持つ真の生活の豊かさとでもいうものでしょう。要するに、堅実な家で倹約を重んずる生き方とも言えるのです。倹約とケチは全然違います。だから堅実で倹約を重んずる家は、大富豪でも清貧と言われます。松下幸之助は多分、実業家流でそれを「清富」と言ったのだと思います。本を見ると、本当に松下幸之助はそういう直球でダイレクトな言い方が好きだと思います。その言葉を創った心の作用を考えますと、幸之助は心底、他人の幸福を願っていた人物なのだということが思われますね。そう言えば、さっき勝手に松下幸之助は不幸だったと言いましたが、佐藤専務から見て、松下幸之助の晩年はどうでしたか。

佐藤　確かに、松下幸之助の晩年は不幸の印象がありました。『松下幸之助の生き方――人生と経営77の原点』（佐藤悌二郎著、ＰＨＰ研究所）の最後のところをここで読ませていただく

と、

「刻一刻と混迷を深める世の中を憂い、〝このままだと日本は、世界はどうなるのか、心配で死んでも死にきれない〟〝自分には世のため人のためにやりたいこと、やらねばならないことがたくさんある。まだ死ぬわけにはいかない〟という気持ちをもちつづけていたからです。

九十四年の生涯は大往生という見方もできるかもしれません。しかし、そうした意味でむしろ幸之助は、この世になおも思いを残しつつ旅立ったといえるでしょう」という風に晩年の印象を書いているのですが、結局、求めていたものが実現できなかったということです。

執行　そうですか。やはり大人物の晩年を彷彿させます。大人物は皆、不幸で未完ですね、私の知る限りは。先ほど読まれた佐藤専務の本には愛があります。その本がなぜ良いかと言うと、著者が松下幸之助を愛しているということが分かる本だからです。是非、皆さんも読んでみてください。しかし今の最後の箇所の言葉を聞くと、やはり幸之助の晩年の悲しみを感じます。そして、今生きている日本人は何とかしてその憂国の志を継がなければならないと思ってしまいますね。幸之助の涙が伝わってくるのです。

佐藤　はい、本当に思いを残して旅立ったと思いますね。

執行　先ほど言いましたが、本当に何かを為した人で、不幸でない人はいないです。私は歴史上を見ていてそう思う。だから松下幸之助も間違いない。自分の人生が幸福だったなどというのは、軽薄な人生を送った人間のたわ言です。幸福礼賛は、戦後の物質主義の高度経済成長にそういう形が出来て、購買意欲を誘うために、また、国民を操作するために国が取った政治手法なのです。国が幸福思想を作り出した。これを信じれば餓鬼道に堕ちてしまうという考え方だと私は思っています。私が小さい頃は、人生は何も思い通りにならなかったけれど、大抵これくらいのもんだと皆が言っていました。これも今流に言うと不幸なのです。私はそれでいいと思う。もちろん私も不幸になろうと思っています。何がなんでも、幸福にはならないと思っていますよ。幸福になったら、男の価値が下がると思っています。

佐藤　松下幸之助は、人間にとって何が一番幸福かについて述べたときに、その人が持っている宇宙根源の力から与えられた天命と言いますか、天命とか生命力とか色々な言い方をしているのですけれども、そういうものをこの世で死ぬまでに一〇〇パーセント発揮できることだと言いました。これはなかなか出来ないことですが、出来るだけ発揮して生きること、それが人間としての成功、人間として幸福なことだと言っています。

執行　それは生命燃焼そのものですよ。そうに決まっています。だから松下幸之助が望んでいるのは、本当は物質でもないし、何でもない。要するに私の言葉で言えば、自分に与えられた生命の完全燃焼です。これがやはり何かを為した人が皆言うことです。結果は全く関係ない。「体当たり」と「問答無用」です。自分の生命をどこに燃やすかが大問題で、燃やして死ねば不幸でも幸福です。燃やすのに失敗すれば、燻《くすぶ》った人生で、幸福でも不幸です。

松下幸之助も体当たりで生きてきたことは分かります。そして、体当たりは必ず未完なのです。未完の人以外いません。私が尊敬する人で、未完でない人生の人はいません。逆に言うと、自分の人生が纏まるような、小さな目的で生きている人は、まず魅力がないですよ。自分の人生では出来ないようなことに挑戦している人間にして初めて魅力がある。出来ないことに挑戦しているわけだから、未完に決まっています。

私は文学者の中では埴谷雄高《はにやゆたか》が一番好きです。その著書に『死霊《しれい》』というものがあります。なぜ埴谷雄高が好きかと言うと、あの人が書いた文学は、この世では不可能なこと、絶対に出来ないことを書こうとしているからです。つまりこの世で生きている人間には描くのが不可能なことを描き切ろうとしている。それに戦後すぐ埴谷は挑戦したのですが、私はその心意気が好きで、その文学を読むと未完に挑戦する一人の武士道的な生き方が伝わってくる。だから実は小説の内容なんてどうでもいいことです。

私が嫌いな文学は、自分は文学の才能があると思って、小さく纏めてこの文学はすばらしいでしょうというような文学で、これは最悪です。結構これは多いですね。答えがないもの、結論が書いていない文学でないと駄目なのです。ドストエフスキーがいい。あとは埴谷雄高です。

幸福の条件

佐藤　とにかく未完に終わるということですが、人間にとってやはりこの世で充実した生き方が出来るかどうか、幸せだと本人が感じられるかどうかが大きいと思います。

松下幸之助は幸福の三つの条件というのを述べていて、まず自分が幸福だと感じないと幸福ではない。次に周りの人たちにそれを認められないと駄目だということ。そして幸之助が言う自然の理法に則ったものでなければならないということです。この三つを幸福の条件としています。具体的なそれとしては、先ほど申しました自分の持って生まれた天分、天命というものを死ぬまでに全部発揮すること。そうすることによって、自分自身が一番幸福を感じられるし、世の中に一番貢献できると言っています。そして、すべての人は根源から「繁栄・平和・幸福」に資するためにそれぞれの人なりの天命というか天分というものを持ってこの世に送り込まれて来たというのが幸之助の考えです。ただ、なかなかこれが自分の天命だとか天分だという風に感じられない、思えない人が大部分なのかもしれません。そういう人に、もし言葉をかけるとしたらどうされますか。

執行　すべての人に言葉をかけるのは無理かもしれませんが、やはり先ほども少し説明しましたけれど、欲望の奴隷になっていて本当のその人の生命を活かしていないということを分かってもらおうとするでしょうね。これは自分が体当たりで話せば、結構分かってくれる人は多いと思います。そして自分の小さな成功を捨てる人間になってもらう。自分の幸福、自分の成功、それを本当の意味でゼロにすることは出来ないと思いますが、まあその時代の水準以下まで持っていけば、天命というのは自分の目の前にあるものですから、必ず気づいてくれます。人間というのは、生まれながらに宇宙の力が、その人がどう生きなければいけないかを示しているると思います。その示しているものが見えるようにしてあげる努力が一番大切ですね。それには自分も自分の人生を懸けて話さなければ駄目ですね。

例えば大金持ちになりたいと思っている人がいるとします。持てるか持てないかは誰にも分からないですが、少なくともその人に「持つこと」が絶対の幸福でも、また不幸でもないということを理解してもらうまで話さなければなりません。それが分かってもらえれば、お金が無い方が豊かな人生を送れる人は必ずそうなっていきます。その人が自分の欲望を制御して考えていくと、お金が無い方が自分はいいというのが必ず自分で分かるということです。お金がある方がいい人は、無ければ駄目だということも自分で分かってきます。これは、やっている職業によっても違いますし、例えば昔だと家族の人数とかそういうものによっても違っていましたが、それぞれの人がその人なりに全部あります。それが分かるように人間はなれるのです。

それで気づかないのなら、その人は自分の欲を制御していないのです。したがって自分の欲をさっき言った、公の欲にどう変えられるかも大切になってきます。自分の欲を減らしていくと、愛と私は言ったけれども、公の欲が出てくる。愛情と我欲はシーソーゲームになっている。だから自分の我欲が減っていくと、公が出てくる。それによって国のために生きるとか、会社のために生きるとか、それが天命だと分かってくるのです。自分の我欲が下がれば、天命が浮上してきます。天命が分からない人は我欲が下がっていないと私は捉えています。

佐藤　幸福というのは、自分ではなく相手を思うこと、相手を幸福にすることですね。

執行　そうです。幸福そのものが、もともとは自分以外に対する概念なんです。ところが今は、戦後社会に育ってしまっているので、自分が幸福になりたいということをエゴイズムだと思っていないのです。社会が経済発展のために、そう教えてきたわけです。しかし歴史的には、幸福というのは自分に適用した瞬間に、全く当たり前なのですが、単なるエゴイズムになってしまう。単なるエゴイズムを、先ほども言いましたが、今の日本社会は高度経済成長のために国民全部に埋め込んでいます。自分のために生きろ、美味いものを食べろ、良いものを着ろ、幸福になれというのは実は経済成長のために言っているのです。

幸福というのはもともと愛する人とか、愛する会社とか、愛する国とか、そういうものに対して持つ概念なんです。だから他人の幸福を祈るという言葉はあるけれど、自分の幸福を思うという言葉は無い。ただあの人は幸福な人生を送ったという人の話がありますが、そういう人の人生というのは、本で客観的に読んできましたが、実際には全部が不幸です。本人がそうやって生きたいと思って生命を燃焼した人は、他人から見て幸福だというだけです。それを見た人がその人のことを幸福だと思うだけなのです。特に、自分で自分を幸福だと言っている人の人生ほどつまらない人生はありません。私たち他者から見れば、それは弱く燻った人生であり、ぐじぐじした嫌らしい人生にしか見えないでしょう。

一番凄いのは宗教の殉教者です。キリスト教などはそうですが、宗教のために自分が死ねたというのは、私から言わせれば生命的に最大の幸福なのです。一般的に見れば不幸です。だから一般的に見て、歴史上一番不幸なのが、一番幸福な人生だということです。聖ペテロなどがそうです。聖ペテロの有名な話は、『「憧れ」の思想』に書きましたけれど、「クォ・ヴァディス・ドミネ」です。「主よ、何処へ」という意味です。あれも我々から見ると不幸ですが、二千年の歴史を持つカトリック教会を作り上げたほど幸福な人生の終結なのです。キリストのために、殺されると分かっているローマに戻り、そしてその通り逆さ磔《はりつけ》になったという、そういう話です。

佐藤　それはそのときに幸福だと感じていたんですか。

執行　聖ペテロは感じていました。確かに感じていたのが伝わります。ただ、一般から見れば、不幸です。幸福というのは、もともとそういう概念なのです。自分の生命が実感するものなのです。型があるわけではない。型を求めればエゴイズムに陥ります。だから幸福という概念を自分に適用した戦後社会は、根源的に間違ってしまった。ここは注意しないと、我々は自分の人生を失います。今は国家そのものが金儲け主義ですから、国民もしっかりしないと、国の奴隷になってしまう。そして、一回だけの人生を我利我利亡者で送ることになってしまいます。人生というのは一度しかないから、今の国の状態がこうだから仕方がないではつまらない。ここから抜け出してくださいというのが、私の講演の主たる内容です。

物質を凌駕する

佐藤　自己犠牲精神について伺いたいのですが、自分が犠牲を払って人が幸せになれると執行先生は仰いましたが、松下幸之助は実は犠牲というものを一番嫌っていたようです。

執行　分かりますが、それも言葉の上なのではないかと思います。自己犠牲を嫌うというのは、どういう風に嫌ったのでしょうか。

佐藤　とにかく幸之助は一人たりとも不幸であってはならないと言っていました。つまり自分が犠牲にならなければいけないというのを良しとする限り、すべての人が幸せにはなれないと。

執行　やはり、それは言葉の上のことです。犠牲的精神というのは言葉にしてしまうとそうなのですが、犠牲的精神を自分は払っているなどと思っている人は最低なのです。犠牲的精神を払っている人は、犠牲になっているとは思っていない。愛する人に命を捧げたら、それは喜びなのです。言葉としては、愛の根源は犠牲的精神だということになっていますが、その犠牲とは、それ自身が人生の本当の豊かさなのです。そして、本人は犠牲になったなどとは全く思っていないのです。

だから言葉としては犠牲的精神とか具体的な説明ではそうなってしまう。松下幸之助が言っていたように、他人の犠牲になったなどという考え方は本当に最低です。他人の犠牲になったなどと言っている人に、ろくな人はいないです。私はあいつの犠牲になったとか、単なる僻《ひが》みっぽい愚痴です。要するに、よく赤提灯で一杯なんて人がいるではないですか。私は会社の犠牲になったとか、会社を定年になってポイされたとか言いますが、給料と退職金までがっぽり貰っているではないですか、と私はその人に言ってあげました。

一同　（笑）

執行　私が使う言葉は哲学的、文学的な言葉が多いのです。そして松下幸之助の言葉というのは、非常に注意しないといけないのは、本を読んでも分かりますが、実業家の言葉なのです。だから言葉は悪いですが、方便が多い。そして、言葉として明るく前向きな言葉を選ぼうとする強い意志を感じています。しかし、どんな言葉を使おうと、その本当に意味するものを考えなければならないのです。「繁栄・平和・幸福」も注意しなければならないと私は言っています。松下幸之助ともあろう人が、こんな平和ボケになるような平和をいいと思っているわけがないということを話していたのです。そして繁栄も、贅沢三昧のことを言ってなどいないことが分かります。

佐藤　物的な豊かさが高まっていくにつれて、人間というのは心が貧しくなっていくのでしょうか。

執行　物質のエネルギーが心のエネルギー量を凌駕《りょうが》するとそうなります。物質は確かに必要ですが、絶えず心より下でなければ駄目なのです。だから物質が豊かになればなるほど、本当は死ぬほどの努力で心を磨かない限り、どんどん心が貧しくなって豚になってしまう。

これはローマ帝国の頃からそうですが、ローマ貴族がストア哲学という人生哲学を重要視した理由がそれです。エピクテトスとかセネカとかが、ローマ帝国は世界帝国で豊かだから、我々は普通以上に勉強しなければならないということをよく書いています。豊かというのは、勉強しなければただの自堕落になってしまいます。ここで言う勉強がどういう意味かというと、心がいつも上にあるための英知を学ぶということです。

佐藤　心をいつも最上位に置くのは可能だったのでしょうか。

執行　深く認識して、そうならなければいけないということが分かっていれば、歴史上もそうすることが可能だった。今の日本は全く分かっていないので、どんどん心が失われて、物質だけになっていってしまった。だから今、道徳的にも非常に落ちぶれた社会になっている。

佐藤　それを幸之助は憂えて、昭和二十二年から『ＰＨＰ』誌を出していったのです。身内や近しい人にしか配っていませんでしたが、それでも五万部から十万部くらいは発行していた。それが昭和四十年ぐらいから青少年の非行とか、日本人の精神、心の貧しさというものが非常に顕著になってきて、そういう人たちの心をケアしなければいけないということで、『ＰＨＰ』誌の本格的な普及をスタートさせました。それで倍々ゲームに増えていって、昭和四十四年の新年号で百万部にまで到達するのです。そういうことで、『ＰＨＰ』誌は人の心に何らかの形で役立てばいいという発想から生まれた冊子なのです。

結局、昭和四十六年頃には、幸之助は、「精神大国への道」とか、精神の高揚とかを盛んに言い出した。昭和五十年ぐらいになると、もっと物がどんどん増えるわけです。物質は豊かになっていくわけですが、ますます人間の心の貧困みたいなものに心を痛めるようになって、盛んにいろんなことを言っていたわけです。一方で、物を持つと心の面が貧困になるという、そういうことを言う人もいました。物があり過ぎるために、かえって心が貧しくなるという風に。

執行　これは順番が違っていて、豊かさが悪いのではない。心を絶えず上に置かなければ駄目だというだけです。豊かになればなるほど、精神の修養を多く行なえば何も悪くなることはありません。最盛期の各国家の上流階級を歴史的に見れば、どこの国でも豊かで立派な人たちが国を支配していました。もちろん、今の日本は全く駄目です。

佐藤 だから、幸之助は何とか心を、物の豊かさに近づける、できれば超えるという姿にもっていかないといけないと一生懸命やったけれども、なかなか思うようにいかないということで、命が尽きてしまったということになったわけです。

宗教心の力

執行 ヨーロッパが、割とそこのところが一時期うまくいったのは、やはりキリスト教だからです。十七世紀とか十八世紀というのは、まだ信仰が強い。だから物質的にはすごく悪いことばかりして、アジア、アフリカの国を植民地にし、収奪してヨーロッパはどんどん豊かになったわけです。

でもヨーロッパがなぜ豊かさを文化に転化し道徳を維持できたかというと、キリスト教があったからなのです。つまり強い信仰心です。キリストに対する信仰心が、心の部分を物質より上に持ち上げていたわけです。しかし、その欧米も今やキリスト教信仰がなくなってしまったので、もうどうしようもない物質主義に陥っている。欧米が優れていたというか、欧米がなぜ救われていたかというと、やはり宗教心なのです。それが、道徳を支えていた。

戦後の日本は、宗教心を失っていますから、これは厳しいです。先ほど言ったけれど、心というものの根源はほとんど宗教心で出来ているのです。道徳は、心にはならない。道徳だけだと、大体、教条主義になってしまいます。「論語読みの論語知らず」とはよく聞きますよね。大体は先生病というやつです。道徳などを学ぶと、人に説教するのが関の山です。私はそれが嫌いで、そういう人の周りでわざと悪いことをするのが趣味なんです。でも道徳とはそういうものなのでしょうね。道徳が正しく作動するには何が必要かというと、道徳を動かしている根源的な精神、つまり宗教心なのです。だから、それがないと道徳は正しく作動しないのです。

佐藤　松下幸之助は教育についても色々言及していたわけですが、その中の一つに道徳教育、規範教育の重要性を言っていました。年少の頃、小学校三年生ぐらいまでは、読み書きそろばんはもういいと、とにかく躾をしないといけないというようなことを言っていたのです。それにはやはり先ほど執行先生が話された宗教心というものがないと厳しいですね。

執行　日本の場合はキリスト教のような強大な宗教がないから、宗教に代わるものというのは、先祖崇拝つまり大家族意識になります。先祖崇拝がなくなったら、日本人は駄目になります。日本で宗教に代わるものは先祖崇拝で、松下幸之助の世代の人にはもともと結構あります。それが今は破壊されていますから、かなりきついです。多分、道徳的には一回滅びるところまではいきます。落ちるところまで落ちないと、これは止まらないでしょう。

先ほど言ったように、止める役目は政治家がやらなければいけないのですが、政治家はもはや芸能人ですから、止めることは絶対できません。止めることが出来るのは政治家だけなのです。権力で止めないと駄目です。ところが今はこれを止められないから、必ず落ちるところまでいきます。落ちるところまでいって、またもちろん盛り返すときが来るでしょうが、それが何年後かというのは私にも分かりません。

今、佐藤専務と話していても、松下関係者に対して一番思うのは、松下幸之助という人は大実業家なので、時々に発した言葉に振り回されてはいけないということを知ってもらいたいのです。大実業家というのは実行の職業なので、人に誤解されないようにと思うあまり、分かりやす過ぎる言葉を使うのです。本当は正確な難しい用語を使わなければ駄目なのですが、それでは多くの人をその場で動かさなければならない実業が出来ませんから、そうしているのでです。やさしい用語を使うつもりで、先ほどの清貧と清富ではないですが、清富なんていう言葉は日本語にはないのに使ってしまう。あれも清貧というのを、清富という言葉で表わすのは、実業家ならではですね。そのあたりの言葉を、私はまた見直してほしいということを思います。

佐藤　本当にその必要性を感じます。何年かごとに自分たちで松下思想をどのように捉え直すかということをすれば、本当の意味で理解していくことが出来るのではないかと改めて思います。

執行　そして見直すときに信念として持っておいてほしいと思うのは、松下幸之助というのは日本を代表する人間で、大実業家で憂国の士だから、育つ段階から見ても石門心学などの武士道に根ざした道徳をすでに身につけている人だということを忘れないでほしいということなのです。そういう人が物質主義とか、金儲けとか、そういうことを言うわけがない。これをまず分かっていただいた上で、松下幸之助の言葉を今一度吟味すると、意味が全部分かるようになる。その吟味しなければならないものの一つに、「繁栄・平和・幸福」も入っているという話をPHP研究所でもしたのです。今の人たちが言う「幸福」という意味で、大実業家が言うわけがないのです。そういう前提から、前回私はPHP研究所で松下思想について説き起こしたわけです。

素直な心

佐藤　少し話は変わりますが、先ほど皆さんから質問を受けたときに、一番多かったのが、欲望についてでした。物質のことを考えないように、欲を捨てるようにというお話が執行先生からあったにもかかわらず、具体的に日々、どうしても美味しいものを食べたいとか、お金が欲しいとか、色々な欲が自分の中に出てくると。それを捨て去るには、日々の訓練としてどういうことを行なっていくのが一番いいかということを質問されましたので、皆さんに代わってお聞きしたいと思います。

執行　まず皆さんに回答を先に言っておきます。そういうことを聞く人は駄目です。これは断固としてやるべきことであって、絶対にやろうとすれば出来ることなのです。ただ、それでも欲望はゼロにはならないです。先ほど言ったように、欲望がゼロになったら昇天です。それでも自分の欲望を制御し、抑えなければ駄目だと決意することが重要だという話です。これを日々思うことは出来ると思います。日本最大のお金持ちでもある松下幸之助が人生を全う出来たのは、松下幸之助も心の中で日々修養をやっていたからなのです。いわばアラビアの王様と同じような生活も出来たはずですが、そうはしなかった。抑えている人は偉いというか、私も人に大きなことを言って、お金に興味がないとか言っていますけれど、多分あると思います。実際たくさんお金も持っていますし、欲はあるのだと思います。ただ断じてないと自分に言い切って、死ぬまでそう生きようと思っています。自分でそうありたい、お金のためには動かないということです。そう思って、やっと自分の事業を何とか出来るということなのです。それほど、人間というのは弱い。私は死ぬまでそうやり切れば、それがその人の人生だから、本物の人物なのだと思っています。

佐藤　松下幸之助が昭和五十一年、八十一歳のときの講演の中で、今仰ったようなことを言っています。当時もう八十一ですから、相談役になって松下電器産業の経営については、一線は引いている。とはいえ全く隠居してしまっているわけではないから、やっぱり考えている。そうすると〝私〟が出てくる。会社のためにこうしなければいけないと思っていても、同時に、自分のためにこうしなければいけないということを考えている。それではいけないといってそれを打ち砕くと、打ち砕いた次の瞬間にまた自分が出てくる。やっぱり欲望というものはどうしたって消せない。だから今、自分は自分で葛藤しているんだと。自分を消すということ、自分が出てくるのを抑えるということの葛藤の日々だと言っているのです。

執行　松下幸之助みたいな人は、死ぬまでそうやっているのです。だから偉大な人生を全う出来たのです。

佐藤　本当にやっていたと思います。しようと思ったらなんとでも出来たと思いますけれども。

執行　難しいとか何とか言う人は駄目で、やり続けないといけません。多分、死ぬまでです。ここまでやったら合格とか、そういうのはない。松下幸之助も死ぬまでやっていたと思う。

佐藤　やっていたと思いますね。これまでのお話には出てきていませんが、もう一つ重要なのは松下幸之助の言葉として、「素直な心」というものがあります。色んな欲望とも関係があるのかと思いますが、ＰＨＰを設立して一年くらい経ってから、結局何が大事かと言ったらやはり素直な心だと言っていました。

執行　それが一番大切です。それがなければ何も生まれないし、何も出来ない。そして、一番難しいものでもあります。私もその心を得たいがために、すべての運命に体当たりしているのです。

佐藤　その生き方には幸之助を感じます。ＰＨＰ運動も最終的に、素直な心になる運動だと言っていました。それを言ったのは昭和二十三年の二月くらいのことですが、そのとき幸之助は、三十年経ったら素直な心の初段になれると言っていた。

よく碁の話を出して、先生につけばもっと早いかもしれないが、先生につかなくても大体一万回打つと初段になれるということを聞いたと。それと同じように、素直な心になるのも毎日素直になりたいと願って、一万日、約三十年ですね。そしたら、大体、素直な心の初段になれるのではないかと言っていたのです。ところがそれから三十年経った昭和五十一年頃に、自分はもう三十年経ったから、そろそろ素直な心の初段になれたかというと、なかなかなれないと。

執行　いや、死ぬまでならないのですよ。死ぬまでならないのをなろうとしていることが素直な人なのではないでしょうか。死ぬまで素直になりたいと思っている人は素直な人なのです。それが重要な生き方です。素直という心はあらゆるものを凌駕し、一番大切かもしれないです。素直でなければ何にも入らないですからね。

佐藤　ですから、素直な心で衆知を集める。

執行　そうです。それで素直な心ということによって、先ほど言った宇宙の摂理が立ってくるのです。人間は素直だと、生命の根源が分かってきます。根源がまず立つ。そこに色んな社会とか他人の意見を聞いていれば、商売でも何でもうまくいくということです。それが衆知です。ただ、今はその根源を立てないで、皆の意見を集めるから駄目です。

出版社でいうと、先に述べた、岩波書店の社長が凄いのは、まさに「衆知」なのですよ。まず自分の哲学的根源が立っている。そこにどうやったら売れるかという知恵を集めてきて、問屋を通しては駄目だというので、ああいう販売法が出来た。

今の出版社の人は何と言うか、軸が立っていないのです。それで、どうやれば売れるかと考えるから、テレビと競争したり社会が言うことを鵜呑《うの》みにしたりする。ただの烏合の衆になってしまうのです。

幸之助の言葉

佐藤　色々話が飛んで申し訳ありませんが、私の関心事ですけれども、「新しい人間観の提唱」の文の最初に、「宇宙に存在するすべてのものは、つねに生成し、たえず発展する。万物は日に新たであり、生成発展は自然の理法である」とあります。ここに松下幸之助のいわば自然・宇宙観が詰まっていると思うのです。つまり幸之助は、宇宙に存在しているすべてのもの、万物・万人には自然の理法があまねく働いていて、それが目指している基本の方向は、万物・万人、さらには宇宙全体の限りない生成発展だと考えていたわけです。したがって、例えば経営でも、生成発展という自然の理法が働いているこの宇宙、狭く言えばこの世の中、社会の中でお互い行なっているわけですから、この自然の理法に従えば、経営はおのずと成功する、発展するというのが幸之助の基本認識だったんです。自然の理法に則りさえすれば、すべてがうまくいくようになっているんだと。

では、どうすれば自然の理法に従うことが出来るのか。そのときに幸之助がよく言ったのが、先ほどの衆知と素直な心なのです。

また、幸之助は、根源という、宇宙根源の力と言ったりすることもあるのですが、この宇宙の森羅万象を生み出した大本の力を想定し、それが人間や万物を生み出す際に、人間には人間特有の、万物には万物特有のそれぞれの本質、生命力、使命を与え、特に人間には宇宙の動きに順応しつつ万物を活用して、自他ともに繁栄を生み出すことの出来る本性を与えたんだと。それは人間のみに与えられた特質であり、この本性が与えられていることによって、人間は万物の王者として、すべてのものを活かし、真の繁栄を実現していくという崇高な使命を負っているんだと考えていました。だから人間は、この宇宙の中で、みずからのおかれた使命の重大さを認識し、万物・万人をして活かしめ、共同生活の向上を図っていかなければならないのだと。

執行　その通りです。やはり最初に話した宇宙と生命の動きを全部捉えないと、松下幸之助の言っていることは分からない。単なる社会の言葉だと思って受け止めるのではなく、すべて宇宙から生命が生まれたことを認識して、我々が為すことを表わす言葉としているということです。そのように考えていくと、松下幸之助の言葉はすごく分かりやすくなってくる。

佐藤　本当に松下幸之助の考え方を理解しようとするときには、自然とか人間とか、果ては宇宙まで、それに対して幸之助はどう見ていたのか、考えていたのかというところを考えないと、本当の幸之助の意図しているところが分からないのです。幸之助の経営にももちろん学ぶべき色々なやり方とか考え方があるわけですが、そこに留まっている限り駄目なのでしょう。

執行　逆に言葉を換えると、生命論と宇宙論が分からない場合、松下幸之助の本とか思想は言葉は悪いけれど、全く意味をなさなくなる。幸福とか、繁栄とか、平和というのは当たり前でしょうということです。だから松下幸之助がそんな馬鹿なことを言うわけがない。そこが分からなければ駄目なのです。そんなことは馬鹿でも言えることですから、平和がいいね、なんて言うのは子どもでも言えます。幸福でないと駄目ですよとか、松下幸之助が子どもと同じわけがないという話です。でも、松下幸之助は実業家だから、そういう子どもでも分かる言葉を使っているのです。

佐藤　確かにそうなのです。その一方では全く普通では使わないような言葉を使ったりしている。これどこで覚えたんだろうと不思議になります。例えば「苛斂誅求《かれんちゅうきゅう》」という言葉など。そういう言葉が講演でたくさん出てきます。

執行　その言葉は本当に見たことも聞いたこともありませんね。何だか厳しい取り立てのようなイメージはありますけれど。でも、松下幸之助は意味を知っていますよ。見れば分かります。とても頭が良いですから。そして、頭脳の構造は非常に科学的・哲学的、そして宗教的でもあるのです。

佐藤　耳学問だと、本人は謙遜していますけれどね。

執行　自分で耳学問だなどと言うこと自体が、頭が良いということなのです。馬鹿な人は言わないです。かえって私は凄いと自分で言いますからね、そういうのに限って。

宇宙に繋がる存在

佐藤　さて一つ疑問に思っているのが、先ほどの非常に難しい言葉を知っているというのも、どこで覚えたのかと不思議に思うのですが、そもそも松下幸之助はあの「人間は万物の王者とも言うべき偉大な存在である」という考え方をどういうところから持つに至ったのだろうかということを常に思っているのですが。

執行　それは私の経験だと、自分自身が自己の魂の縁をたどりながら、さっき言った人生の呻吟と悲哀を味わい尽くして、考え尽くして、人間とは何だろうということでぶつかりながら摑んでいった。その実感を摑むには、昔から生命の悲しみを知り尽くすこと以外には無いのです。昔の人は「もののあはれ」を知ると言いましたが、それに尽きると思いますね。不肖ですが、私の経験もそうです。昔だと文学青年などはそうでした。私などは青少年期、中学生高校生のときはそういうことで日夜悩んで、ドストエフスキーだ、三島由紀夫だといった文学を読みあさった。それをやっていくと、人間が神に近づいていく偉大な存在だというのは誰でも感ずる。人間というのはただの動物ではないと分かる。何事かを為さなければならない。為すための根本的な考えとして、この宇宙を創った偉大なる存在のことを考え始めるのです。

宇宙を創った偉大なる存在の方に向かって、一歩でも近づかなければいけないという考えが出てくるということです。私はそうでしたし、私の尊敬している人も皆そういう経路をたどっているので、松下幸之助も間違いなくそうだと思います。松下幸之助は自分でも言っているように、少年から青年時代、貧乏で学歴が無くて体が弱かった。そのときに実人生において呻吟と悲哀を味わい尽くしたのだと私は思います。それを味わい尽くすと、人間の偉大性というのを感じるのです。

私も何度も原因不明の病気とか怪我で死にそうになりましたが、死の淵を乗り越える経験を積むほど人間の偉大さというのを感じる。そして他者からの愛を実感するのです。それによって、自分というものを乗り越えて、自分に与えられている生命の偉大さを感じるのです。それを何とか人にも伝えたいとか、何か思うわけです。松下幸之助も間違いなくそうだと思います。そうすると万物の王者、つまり神に近づいていく存在になりたいと感ずる。その過程は、ただひとりの実体験であり、やはり今の民主主義的な生き方ではない。くだらない人生を送っている人間と自分は違う、自分の中にある人間本来の魂の偉大性を示さなければならないと思うようになるのです。いい意味でね。

人間とはもし魂の呻吟がなければ、先ほども言ったけれども、肉体そのものは何の価値もない。価値がないというよりも、動物ともともと変わらないということです。動物と変わらないのでは人間の意味はないということになる。苦労しないと、動物と変わらなくてもいいという考えになってしまう。大体、今の人は皆そうです。「人間だもの」などと言ってすべてを許してしまう人も確かいましたね。だから昔の人の表現だと、諸行無常とか生命の本源が分からない人生になってしまう。人間の生命の本源が分からないから、肉体中心の考えになり、動物と一緒で何が悪いという考えになる。現代人の多くは、それだと私は思っている。

佐藤　幸之助は実人生から人間の価値とは何かを体得していったということでしょうね。我々の生きる現代社会とは比較にならない苛烈さがあったに違いありません。

幸之助を創った人生

佐藤　幸之助は色々悩んで、何かの本を読んで、哲学書や文学を読んで考えるというのはあまりなくて、せいぜい奉公時代に講談本を読んだぐらいだと言っています。しかし、やはり幸之助自身は、例えば四歳のときに父親が米相場に手を出して失敗して、困窮生活に陥るという憂き目に遭い、その上、七人いたお兄さんお姉さんのうち、五歳のときに二番目のお兄さんが亡くなり、六歳のときに一番目のお兄さんと二番目のお姉さんが亡くなり、また十一歳のときに父親が亡くなって、そのときに三番目のお姉さんと四番目のお姉さんも亡くなっている。その実体験が哲学書や文学に勝る実感を与えてくれたのでしょうね。

執行　あれほどの悲惨を経験している人は少ない。二十歳までに肉親はほとんど亡くなっていますよね。

佐藤　そうなのです。十八歳のときには母親が亡くなって、最後まで残っていたのが一番上のお姉さんでした。その方も松下幸之助が二十六歳のときに、四十六歳で亡くなっています。彼自身も二十歳の頃に、結核の初期症状の肺尖《はいせん》カタルにかかり、お兄さんとお姉さんも結核で亡くなったりしたので、ついに自分にも死期が来たかと、死を覚悟したわけです。特に十代という多感な時期に、ずっと死の影を引きずって、常に死と隣り合わせというか向き合っていたところが、本よりも何よりも人生経験から、あの宇宙観・人間観が来ているのではないかと思います。

執行　そうだと思います。それが生命の本質をかいま見る実体験となって、人間の偉大さに向かっていったのです。私ももっと小さな経験ですが、そうでした。やはり死の淵に自分がいると、それを乗り越えるというのは自分の力ではない。自分では出来ないから、死の淵を乗り越えたというのは、何か偉大なる力が働いたと感ずるわけです。それを実感するということです。

佐藤　晩年、幸之助は、家族は皆そういう風に早く亡くなったのに、なぜか自分だけが長寿になった。これはもう、そうなるようになっていたとしか思えないということを言っていました。その言葉には、何か幸之助の死生観が表われているように思います。

執行　その体験は強大な使命感を生むに決まっています。今、幸之助の人生を捉えると、もう強大なドストエフスキーの文学で悩み抜いた人間と同じです。家族もほとんど全員二十代までに死んで悲惨としか言いようがない。かつ貧乏で、かつ体も弱くて、かつ昔のああいう厳しい大阪商人の中で育てられたのですからね。あの頃の大阪商人というのは、今で言う虐待・いじめなども凄いです。ただ事ではない生活だったのです。あの『おしん』なんて問題にならない。『おしん』をもっともっと酷くしたのが、当時の大阪商人の世界です。

だから松下幸之助というのはその中を勝ち抜いてきた人間なのです。それを虐待やいじめだと捉えるのがマスコミ的教育を受けた現代の弱者ですが、昔の強者はそれを愛だと捉えていた。例えば職人でも、皆、兄弟子から毎日はたかれ、殴られながら育った。それを僻《ひが》んで今みたいに虐待を受けたなんて言っている人はいないです。そういう社会風潮は無くて、全国そうだったから間違いないです。特に商売に関しては、大阪商人というのは、日本一厳しい修業です。どんな商売道徳に関しても、鞭で打たれながら教え込まれるわけです。松下幸之助は間違いなくそう育っています。

佐藤　いわば「商売のメッカ」である大阪の船場《せんば》で修業したということで、自分は船場大学に行っていたなどという言葉を残しています。

執行　それが実感でしょう。あの経験が活かされた背景には、前もって松下幸之助が僻みっぽい心とか弱い精神を持っていなかったことがあるからです。だから強い資質はもともと持っていた。もちろん船場で潰れた人もうんといたわけです。潰れる人というのは、基本的に歪《ゆが》んだ僻みっぽい心を、育つ過程ですでに持っている。人間というのは僻みとかそういうものを持っていると、必ずこの社会では潰れます。すべての物事を悪く取るというのか、殴られても殴られたことを愛情や鍛練と捉える力がないと駄目です。

佐藤　松下幸之助はあのような悲惨な経験をしながら、本当に僻み根性というのが無かったと思います。確かに貧困の淵に沈んだわけですが、もともと地主の家に生まれていてとても育ちが良い。そういうことがやはり影響しているような気がします。

執行　当然ですよ。人間というのは本当の意味で育ちが良くなければ駄目です。運の良し悪しはあるけれど、やはり愛情を与えられて育った人でないと経験を活かせません。それで、愛情を与えられて甘えてしまったらもちろん駄目なのですが、愛情を与えられてそこから反抗して起ち上がるか、家が潰れるか、そういう極限的な状況があった人が一番良いのです。

佐藤　理想的なことですね。幸之助は四歳までは幸福な生い立ちを過ごし、それから次々と色々な不幸が襲いかかりましたが……。

愛された幸之助

執行　脳幹を作る基礎の愛情が必要なのは三歳までです。三～四歳で大体感性としての愛情を受け取る時期は完了するのです。三～四歳から十歳で愛情を受けた脳は、人間としての情感的な基礎を獲得します。このテーマを研究しているのが医師であり、九州大学医学部名誉教授の井口潔先生で、この人が提唱している脳の育て方というのがあるのです。すばらしい科学的な人間教育の理論です。三、四歳で愛情を受ける時期が終わる。あとは十歳ぐらいまでで道徳とか知力を育てるための根本が揃ってくる。だからやはり三～四歳までは、きちんと親が最大の愛情を与えなければ駄目なのです。私が親から与えられた愛情は凄い量です。もうたくさんだというほど受けました。また、そうならなければ愛情というのは駄目だとも言えます。愛だけはこの世ではもう嫌だと思うくらい与えられてちょうどいい。私はそれを運よく与えられています。

佐藤　もしかしたらそこまで幸之助は愛情を与えられていなかったかもしれませんが、ただ八人兄弟の末っ子で、本当に皆から可愛いがられて育ったと言っていました。

執行　愛情の中で幼少期を送ったことは、間違いないです。そうでなければああいった大志大業は成せない。愛情を受けなかった人で大志大業を成せた人はいない。愛情を受けなかった人が万が一、まかり間違って成功したら、アラビアの金持ちと同じで享楽三昧になるでしょう。まあ最大によく見ても、本当にくだらない人生です。やはり有意義な人生というのは愛から生まれます。これは確かです。だから愛に関しては松下幸之助に限らないです。ある程度の大業を成した人は全員溢れるほどの愛を受けていますす。私も受けていますから、これからもうちょっと大業を成さないといけない（笑）。

松下幸之助は凄い愛情を受けています。晩年は孤独な印象もある幸之助ですが、特に幼いときはすごく愛情を受けていますよ。仕事仲間からも家族、友達からもあらゆる人からです。もちろん、それだけの愛を受けられる人だったと言えばそうです。それが素直ということではないでしょうか。愛情を受けられること自体が、大変に素直な人です。歪んでいる人は愛情を受けられない。

佐藤　奉公先の五代自転車店のご主人の奥さんに、実の子のように可愛がってもらったということで、やはりどこに奉公に行ったかも含めて大きかったかもしれません。

執行　松下幸之助の資質ですよ。五代自転車店の店主も、嫌ったり殴りいじめたりした店員もいたはずなのです。五代という人が聖人君子だと思ったら大間違いで、五代という人も、要は生身の人間で、やはり可愛い人は可愛がるし、憎らしい奴はひっぱたくしということだと思います。松下幸之助は可愛がられた。ここが重要なのです。だから五代自転車店に入ったから運がいいとか、そう捉えてしまうのは間違いです。松下幸之助は可愛がられる資質を持っていた、それが素直なところで良いところだったと思います。私はそうだと思う。

松下幸之助の「青春」という字（松下政経塾に掲げられた松下幸之助の直筆の書〈口絵二頁上段〉）を私は見ていて思ったけれど、幸之助の青春の夢とか憤りというものには、凄いものがあります。それを晩年に字に移し替えてきている。その憤りとか熱情が字に出ている。だから、それを持っていた人だということです。

佐藤　「青春」という書は、もともとはもっと長い詩だったのです。少し長すぎるので短くしてくれという幸之助の求めで、ＰＨＰの研究会で検討して、「青春とは心の若さである　信念と希望にあふれ　勇気にみちて日に新たな活動をつづけるかぎり　青春は永遠にその人のものである」という短い言葉にした。それを象徴する書です。それを自分自身で書いて、自分の執務室に掲げ、肉体的な衰えは仕方がないけれども、心だけはずっと「青春」を過ごしていた。

執行　人から愛を与えられると、青春に突入できるのです。青春というのは燃えるような慟《どう》哭《こく》の人生なのですが、青春に入れること自体、愛が成せる業《わざ》だと言えます。気の毒ですが、愛を受けられなかった人というのは、青春は経験できないのです。だから、青春というのも大切ですが、青春の前の段階もまた重要なのです。前の段階では、愛をもの凄く受けて、甘ったれでなければ駄目だということです。頭が良くて賢い奴は大体、青春は送れない。甘ったれで馬鹿な奴は青春に突入できる。

私は佐賀県の出身ですが、幕末の佐賀は、皆知っていることですけれども、本当に日本で一番文明が発達していたのです。しかし、ただそれだけでは日本を覆《くつがえ》す力にはなり得なかった。ではなぜ出来なかったのか。それは一言で言えば、佐賀人というのが頭が良すぎたからなのです。それが欠点になっていた。だから青春を送れない。薩摩人というのはもともと学問的に言うと馬鹿ばかりです、あそこは。

一同　（笑）

執行　しかし、そこが薩摩の偉大なところなのです。薩摩人は「馬鹿」であることを悪いと思ってはいません。薩摩人の代表である西郷隆盛は、人間の価値として頭など重要視していないのです。それよりも、総合的な人格力と肚《はら》を重んじたのです。肚のすわった人間になろうとしていた。佐賀というのは頭を重要視する。だから頭の良い人がうんといます。けれど頭が良いのが逆に欠点になった。それで日本国家の青春に突入できなかったのです。明治維新はある種、青春です。だから薩長が維新を成し遂げられたのです。長州が頭が良いと言われているのは、あれは全部誤解で、実際は極端に馬鹿みたいなところがある。

一同　（笑）

執行　本当に。あの「尊王攘夷」を見れば分かるでしょう。あれだけ尊王攘夷などと言っているのはどうかしています。でも、そのどうかしている頭が、倒幕と明治維新を生み出す原動力を日本に創り上げたのです。それを司馬遼太郎が『翔ぶが如く』と『花神』という本に書いています。その中で長州がどうしようもない馬鹿だということを、学者で頭が良い福沢諭吉が言っている件《くだり》があるのです。福沢諭吉がそれを指摘したところで、あの長州人で主人公の大村益次郎が、福沢諭吉を怒鳴りつける。「お前のような頭でっかちで、理性で生きている人間に何が分かるのだ」と。そして「あの長州の狂気があったからこそ日本は動き出したのだ」と言う。その場面を読んで私は、あれが長州人の青春だと思いましたね。長州人の青春が日本の近代国家を生み出したということです。だから佐賀は、頭が良すぎて駄目になったということです。頭が良いのは良いことではないのです。ここは、頭の良い人は気をつけなければなりません。ちなみに私は大丈夫ですが、皆さんも大丈夫だと思います（笑）。

一同　（笑）

幸之助の幸福論

佐藤　松下幸之助の一番の特徴は、他人《ひと》の喜ぶ姿を見て喜ぶことなのですね。まさに自分ではなくて、他人が喜ぶのを何よりも喜びとし、それを幸福としていた。これが幸之助の特徴ではないかと思います。

執行　それは優れた人間すべての特徴で、幸之助もそれを具《そな》えていたのでしょう。優れた人というのは、皆、他人の幸福が自分の幸福なのです。自分の幸福という考え方は基本的にない。自分が愛する人とか好きな人とか、大切にしている人間が幸福になったり、幸福な状態を呈したりすることが幸福なのです。そういう概念なので、自分の幸福を追いかけたら、エゴイズムに入ってしまうということを私はいつも言っています。まさに、それが現代人の病《やまい》ですね。

松下幸之助はエゴイズムの反対ですから、人間の生命を活かす方程式を、一番きれいな形で出来た人なのです。しかし悲しいことに、そういう人の周りにいる人は幸福を受け取るだけで、自分が美味い汁を吸っているという人が多い。ここがなかなかうまくいかなくて、そういう優れた人の周りには結構、エゴイストが集まってしまうという弊害もあります。だから松下幸之助に近しい人に、エゴイストはかなりいたと思います。幸之助の愛情を受け取ってそれを恩として感じないで、自分の権利権益ぐらいに思っている。

佐藤　松下幸之助の場合は、いつでも会社や事業、社会のことを考えており、関心事のほとんどすべてが従業員とかお得意先とか、そちらの方にいっている。家庭に対しても大きな愛を持っていたと思いますが、どうしても公人の面が目立ちます。

執行　実は家庭に対する愛情は、松下幸之助は非常に多くあったと思います。すごく強い愛情があるのです。でもそれ以上に宇宙的使命と生命的使命が勝ってしまっている。さっき言ったと思いますが、ひとつ愛せる人は違うものも愛せるからという、それですよ。松下幸之助みたいなタイプというのは、日本に対して憂国の思想を持っている。要するにその憂国の思想は愛情です。それだけの愛情を持っていて家族を愛さないということはないのです。愛というのは必ず、ひとつ愛せる人は別のものも愛せるのです。ただ、多分、時代風潮として、松下幸之助ほどの深い愛を汲み取れる人がどれほどいたかは分かりません。もともとが、国や会社に命を捧げるような人を尊敬する基盤が、すでにこの国にはないですからね。

佐藤　松下幸之助は深い愛情を持っていた一方で、とても厳しい一面もありました。

執行　あれほどの大事業を成す人は皆そうです。

佐藤　特に経営理念や自らの方針にはずれた行為に対しては、決して忽《ゆるが》せにせず、なぜそのようなことをしたのかとその非を責め、これでもかというくらいに徹底的に追及しました。

執行　もちろんそれは責任感の現われです。周りからは多分、幸之助の深い愛のあり方を認識していない場合、ただ厳しいと捉えられる恐れもある。特に社員などは理解していないことが多い。社員は自分の怠慢をある意味で見透かされるわけですから、気持ちよいはずがありません。

佐藤　聞き上手で、普段は社員の話を身を乗り出すように聞いていましたが、これは捨て置けないと思うと、突然豹変して、厳しい叱責が始まり、本人が心から反省するまで延々と終わらない。三時間も立ったまま叱責され続けたという人も少なくありません。

執行　ああ、それは私の場合と同じですね。目に浮かぶようです。松下幸之助が一番大切にしているものが、周りには全く分からないので起こることだと思います。それを社員自身が分かっていない。私はよく事情を知らないけれど、気づかずに、松下幸之助が一番大切にしているものを侵害したのだと思いますね。これは大いにあり得ることだし、多くの人が経験しているから、多分そうです。松下幸之助がどのぐらい深い人間か分かっている人でないと対処できない。先ほどの言葉ではないけれども、ああいう人というのは根源を理解しないと対応できない。根源が理解できなくて、ああいう大人物と対応できる人は少ないですよ。有能な人は皆、理解され難いのです。

社員なんかは特にそうですよ。ろくなこと言わないのですから。私もしょっちゅう怒鳴ってばかりでした。まさか、これぐらい分かるだろうと思うと、とんでもないことを言う。経営者の気持ちは分からないですから仕方がない。松下幸之助も同じ経験だと思います。私よりももっと巨大だから、幸之助の方がそういうことは多かったと思います。

佐藤　経営者としての自分の判断一つで、十万、下手をすると百万の人に影響を与えるわけです。

執行　そうですね。社員や周りの人は特に理解していないと思って間違いない。それも会社が潰れるか潰れないかの瀬戸際みたいなときに、とんでもないことを言い出す。私も小規模ながら事業を行なっていますので、幸之助の気持ちは推し量ることができる部分もある。特に会社や事業の大変なときに、身近な生活でも問題が起こったり、大体そういうものです。

松下幸之助も多分同じです。だから先ほどの話に戻ると、幸之助はそういう経験を積みながら大実業家として色々と話したり本を書いたりしているわけですから、その文面をそのまま鵜呑みにしたら駄目なのです。深読みというか、紙背つまり底辺を読まないと対応できないのです。行間ですね、真実は行間にあるのです。

佐藤　そろそろ時間のようですね。いや本当にありがとうございました。松下幸之助に対する新しい見方が生まれてくるのを自分でも感じました。今後ともよろしくお願いいたします。

執行　松下幸之助研究の第一人者である佐藤専務にそう言われると、私の方が恐縮してしまいます。佐藤専務の本は全部読みましたが、あなたこそが松下幸之助を最も愛している人なのだと私は本から感じ取りました。松下幸之助の憂国の情を今の日本で打ち立てるためにも、協力して頑張りたいと思っています。本当によろしくお願いいたします。勝手なことばかり喋って失礼しました。ありがとうございました。

対談後の質疑応答

松下政経塾とは

――一つ質問させていただきたいのですが、松下政経塾というのはどういうものなのでしょうか。松下幸之助が設立したときの思いと現状について、お二方にお伺いしたいのですが。

佐藤　まずどういう風にして松下政経塾が成り立ったかというと、基本的にはＰＨＰ研究所から派生したものです。昭和二十一年にＰＨＰ研究所を立ち上げて、日本を良くしたいということで活動を始めたわけです。しかし、ＰＨＰ研究所の活動をずっと続けていても、松下幸之助は経営者としては一目置かれていましたが、政治的な発言をしたり提言をしたりしても、素人が何か言っているみたいな、そういう風にしか取られなかった面があった。

また昭和二十六年に初めてアメリカに行って、日本とは比べものにならないほどの繁栄を見るのです。アメリカはなぜ繁栄しているのだろうと考えたら、民主主義がしっかり根づいているからだと気づいた。それで民主主義は人間本然主義という言い方もしているのですけれども、人間本然の姿がそのまま素直に生きる、真の意味の人間主義だと。それを何とか日本に根づかせたいということで、新政治経済研究会（新政経）という組織を立ち上げたのですね。そこで東京と大阪の財界人を中心に、官界や学界、東大の先生なども入って、そういう活動をやっていた。その解散式が昭和四十一年にあり（以後、ＰＨＰ研究所に編入）、その席で幸之助は一回目の政経塾構想を打ち上げたんです。しかしそのときは、周りの全員から反対を受けて断念しました。

それから十二年後、昭和五十三年にやはりやらねばということで、もう一回、構想を打ち上げたのです。昭和四十年代から五十年代の頭にかけて、日本ではロッキード事件が起きるなど、特に政治に対する危機意識も高まっており、今度は周囲の賛成を得て実現できるようになっていった。政経塾は政治家だけではなく、二十一世紀のリーダーを育てるということなのですが、基本的には政治ほど大事なものはないというのが松下幸之助の考え方です。それを実際にやるリーダーとして、政経塾の塾生に「ＰＨＰ理念」を実践してもらおうということだったのです。自分は色々提言したけれども、暖簾《のれん》に腕押し、糠に釘で、なかなかうまくいかないから、その道のリーダーとして立ってやっていってもらおうということでした。

そういう流れで昭和五十三年に構想を打ち上げ、五十四年に認可が下りて、五十五年の四月に第一期生が入ってきます。歴史的な背景はそのようなことなのですが、では実際に松下幸之助が思っていたような政経塾になっていったのかというと、少し違うのかなという感じはしますね。

――もし、今ここに幸之助さんがおられたら、どのように方向を修正されるでしょうか。

佐藤　方向修正というよりも、塾生の在籍期間は設立当初は五年で、それが三年になったり今は四年になったりしていますが、その在籍期間中に何をやるのかといったときに、幸之助はただ一つ、「人間研究」すなわち人間の把握だと言っています。これをとにかく徹底的にやるようにと。結局政治というのは人間の営みですから、まず人間が分かることが大事だと。もうこれだけだという風に言っています。ですから人間というものに焦点を当てて、人間とはどういうものか、何のために生きるのか、そのあたりのところをもっと深く深く塾生の人たちに考えてもらおうと思うのではないでしょうか。

なお私は松下政経塾で何度も話す機会がありますので、今日はゲストとしてお越しいただいた執行先生に多くの質問とその答えをお願いしたいと思います。

執行　分かりました。松下政経塾は、松下幸之助というあれだけの人物が、すべての夢をかけて巨大なお金も投じて創った。だから、そういう志を継ぐ心がけが一番大切なのではないか。松下幸之助が抱いた気持ちを、その魂を自分が受け継ぐという決意だと思いますね。そういう人間を一人でも多く輩出するのが目的のはずです。それを輩出できるかできないかというのが、これからの課題なのでしょうけれども、そのために今日こういう話をしたと私は思っています。自分の生命を国とか社会に捧げる人間にならなければいけないけれども、その捧げ方をここで学ぶということだと思います。

松下幸之助を本当に深く研究すれば、先ほどから私が話していることは必ず実現できるようになります。そういう人が創ったのだから、そうならなかったら、政経塾を出ても何の価値もないと思います。知識ではなくて、松下幸之助がこれを創った意志を、幸之助は自分が創ったから自分からは言えないかもしれませんが、幸之助の本当の魂を引き継ぐということです。別に政治家や実業家になれとか、そういうことではなくて、あの人がここを創った、松下幸之助という人物の中にある慟哭とか、さっき言った呻吟とか、悲哀とか、そういうものを引き継ぐということです。それで自分が何をやるかは別の問題です。

それで引き継げば大事業が出来ることが分かっている人物なのです。松下幸之助は実業の世界でやったのですが、それが芸術の世界になるか、文学の世界になるか、政治なのか、何でも同じことです。

私は松下幸之助の魂を非常によく感じている方だとは思いますが、それはやはり生き方が似ているからなのです。生まれと育ちは全然違いますけれども、同じ苦しさとか幸福の経路を通っている。だから手に取るように分かる。したがって松下政経塾に入った人は、それの追体験をしなければ駄目です。それには私が講演した内容を纏めた「新しい人間観の提唱」の思想を、素直な気持ちで丸呑みにしてもらったら全部分かります。少しでも難しいとか、結構大変だとか思ったら零点です。何にも出来ないです。物事というのは、難しいと思った瞬間に零点になります。難しいと思うことは、生命的な逃げです。自分の防御です。

悪党になれ

執行　私は色々な尊敬する人と同じようになろうと思い、自分なりには何個も見習う点があるのですが、どんなに偉い人でも自分と別だと思ったことはない。同じ人の子に生まれて、聖ペテロに出来て、この私に出来ないわけはないと思います。道元もそうです。道元に分かって、この私に分からないわけはないと思っています。それでも分からないことはありますよ。でも死ぬまで挑戦するということです。道元もただの人の子です。私もそうだけれど、神ではないですから。神ではないものには、自分もなれるということです。松下幸之助に対してもそういう気持ちを持ってもらいたいということですよ。

そうしたら、同じような事柄が、自分の違う分野で出来るということです。そういう気持ちを本当に持つ人が、政経塾から出るか出ないかということです。今までを見ていると出ていないような気がします（笑）。悪いけれど、まだこれからです。人生の途中ですから、分からないですけれど、今まではということです。ただ政経塾に来るたびに思いますが、これだけの建物と、これだけの環境を揃えてもらって、これで何事か為せなければ全く駄目ですね。政経塾の欠点をもし言うとしたら、まず恵まれ過ぎているのが一つ。それとこれは私の感覚ですが、とにかくいる人たちが良過ぎる。私は若い頃から志は持っている方なのですが、二十代の頃に三崎船舶工業㈱という小さな造船所に勤めていた。もしその頃に政経塾を受けた場合、絶対に落ちる。私は受け容れられないと確信できるのです。そこが政経塾の欠点だと思う。不良は入れない（笑）。

それで良い環境はいいのですが、やはりお公家さんでは駄目で、武士でなければいけません。私は皆さんに武士になってもらいたい。今はお公家さん的です。恵まれていて、だから金持ちの坊ちゃんです。金持ちの坊ちゃんであることは悪くないけれど、陰で悪いことをしないと駄目ですよ。

一同　（笑）

執行　もうちょっと悪くならないとね。私は何かを為す力をつけるには、「悪党になれ」と言っている。例えば楠木正成というのは、自分の力だけですべてのことを生き抜いた悪党でした。自主独立の武士だから。ただその悪党が南朝の天皇を擁護したわけで、歴史に残る忠臣とも言われている。彼がただの良い人だったら忠臣なんかにはなれないわけです。自分の力で何でも出来る人だから、後醍醐天皇を擁護した。だから歴史に残る人になれた。楠木正成にならないと駄目なわけです。楠木正成みたいな悪党になって、その悪党が善行を為さなければ駄目だということです。まだここは善人の雰囲気がある。松下幸之助は、言ったら悪いけれど、そこは失敗したかもしれない。もうちょっと悪い場所にした方が良かった。私はそう思っている。一般論だけれども、ああいう自分が貧しくて苦しんだ人は、やはり人には良い環境を与えようとするのでしょう。これはね、人情ですよ。そこも分かった上で、今いる人たちはそういう親心というか、それをもっと汲み取らないといけません。

とにかく、私は絶対入れないというのは分かりやすい欠点ですよ。私は、絶対落ちるのは間違いない。自分のことは自分で分かる。松下政経塾だけではないけれど、ほとんど落ちます（笑）。二十代で好きになって結婚しようと思った相手にも全部ふられました。だから松下政経塾だけではない。

一同　（笑）

執行　それでもどうしても結婚したい人がいて、「なんで私のことを好きにならないのだ」と聞いたら、「将来が不安だから」と言われましたよ。「あなたのような生き方では、将来が不安だ」とね。それでも私は生き方は変えませんでした（笑）。

松下思想の解釈

――先にPHP研究所の講演会で執行先生が「清貧」のことを話してくださって、私自身は、今のPHPを知っている人は、「繁栄を通しての平和と幸福」を、「清貧を通しての本当の平和と幸福」という風に一気に切り替えたら、理解されないというか、受け容れられないと思うのです。その辺を幸之助さんの思想の中で、いわゆる「清貧の思想」をうまく汲み取って、それを、PHPの本当の「繁栄・平和・幸福」の意味を、改めて考え直す必要があるのではないかと思います。例えばですが、松下幸之助は茶道にも興味があったので、お茶という視点から清貧を説明できないかとか、鍵山秀三郎先生の「掃除道」を通じて「清貧」ということも考えられるのではないかなど、色々と考えるきっかけになりました。とはいえ、やはり松下幸之助自身の言葉としてどういうことを言われているかということを示した方が理解されやすいので、そこから本当のＰＨＰということを、単なる物の繁栄ではないということを理解することが必要ではないかとも思います。

執行　おそらく松下幸之助の言葉の中から見つけようとするのは大変だと思います。松下幸之助みたいな大実業家というのは、時限立法と前に言いましたが、その時々に合わせた言葉しか使っていなかったので、今みたいな時代に生きていれば、例えば「清貧」という言葉も使ったかもしれませんが、当時はまだ使っていなかったのではないでしょうか。だから松下幸之助の時代に使った「繁栄を通しての平和と幸福」というものの柔軟な思考の意味を、ＰＨＰ研究所が主力になって解釈を変えていかなければ駄目だということです。これは宗教と同じで、聖書なら聖書というものは動かしては駄目ですが、聖書の解釈というのは教会が「公会議」を開いて、皆で時代によってどんどん解釈を変えてきた。

ＰＨＰ研究所がこれから発展するにはどうしたらいいかというと、松下幸之助の「繁栄を通しての平和と幸福」というのは、今の時代はこういう意味だと、例えば十年ごとに発表をするとか、そういう動きが重要だと思います。自然の解釈に任せるのではなく。要するに、宗教のやり方と一緒です。解釈するのが仏教なら総本山であり、カトリックであればローマ法王の権威なのです。それをやる権利を正しく用いるのです。松下幸之助の言葉の解釈というのはＰＨＰ研究所にその権威があるわけです。それを積極的にやらなければ駄目です。ＰＨＰ研究所として松下幸之助の「衆知」の思想は、現代ではこういう解釈が一番正しいとか、ね。十年ごとぐらいにやるといいですよね。繁栄というのはこういう意味、幸福とはこう、平和とはこうと。こういうのは積極的にやった方がいいと思う。

松下幸之助の話した言葉とか本は、松下幸之助が言ったり書いたりしたわけだから、いじっては駄目です。ただ、解釈をいつまでもいつまでも変えずにやっている人は、これは金持ちの馬鹿息子と一緒で、要するに会社を潰してしまうだけですからね（笑）。

一同　（笑）

執行　でも唯々諾々《いいだくだく》とやっていれば、そうなってしまう。松下幸之助の言葉をどんどん時代に合わせて、今の時代の解釈はこうというのを、ＰＨＰ研究所が率先してやらなければ駄目ですよ。今は見ているとやっていない。やっていないどころではないです。私がこういう機会に話しているけれど、今の社会で「繁栄と平和と幸福」なんて、このふしだらで、どうしようもない飽食の日本人では何の意味もなさない。平和だ、幸福だなんて言われても、誰もありがたくもなければ何でもない。昭和二十年代は、その言葉が人々の夢を掻き立てていた。子どもの頃にあったナショナルショップの人なんかは、今でも覚えているけれど、もうハワイ旅行に行きたくて、家族で死ぬほど働いていた。ご褒美はハワイ旅行ですよ。まだ日本人は皆そうだった。その時代の金銭感覚とか繁栄とは、全く現代とは意味が違う。例えば、今ハワイ旅行に行くと言われても「ああ、そう」で終わりです。だから「働け」と言ってもパワハラだと言われて終わってしまうでしょう。

その解釈を本当にＰＨＰ研究所なんかは真剣にやらないと駄目です。ちょうど私が「今、ここで」話していること自体、運命の分岐点というか、そういう時期が来ているということなのではないでしょうか。なぜ私が、ＰＨＰ研究所や松下政経塾で松下幸之助のことを話しているのだろうと思いますよ（笑）。

一同　（笑）

執行　本当に、私がなぜ他人の会社で、他人の会社のことを話しているのだろうと。ＰＨＰの人がそれをやらなければ駄目です。佐藤専務もそういう新しい解釈というか、もっと自信を持って、ご自分が直接松下幸之助の教えを受けているわけだから、幸之助の時代はこうだったが、今のふやけた日本人にはこれでは駄目だと、「こうだ」という本を書かないと駄目ですよ。私が推薦文の帯を書きますから（笑）。

多分、ＰＨＰ研究所というのは、それをやる時期が来ていると思います。ということは、政経塾も、今までももちろん頑張ってきたとは思うけれども、頑張りが今一つというか、まさに革命の時期が来ているのだと思います。松下政経塾は、新しくなるというよりも、松下幸之助が建てたときに戻るということです。今はかなり乖離《かいり》し過ぎている。松下幸之助が建てたときの志は、間違いなく自分の命をこの日本国の将来に捧げる人を輩出したいということです。だから、卒塾生はそうならなければ駄目です。私が見ても、初期には骨のある人物たちがいましたよ。今よりもね。

――解釈の変更というか、松下幸之助の言葉を世に残そうということで、今の時代に即した形で考えていかなければなりませんね。

執行　その通りだと思います。例えば、「繁栄」というのは実は「清貧」ではないかとか、そういうことを今の時代の精神から鑑みて、私が言っているわけです。多分、松下幸之助が今生きていたら、この贅沢三昧の日本人を見て、もっと「清貧の美徳」を大々的に取り上げたと思う。日本人の貧しいけれども美しかった部分、そういうところを取り上げたと思う。だから、これからそれがPHP理念にも、どんどん解釈となって反映されていかなければならない。言葉としては繁栄のままでいいです。でも今の「繁栄」というのはこういう意味ですと、自信を持ってやってください。

PHP出版事業の未来

――PHP研究所は、昭和二十年代は出版活動が思想を普及するのに最もふさわしい事業だということでやってきました。先ほど執行先生が岩波書店の話をされましたけど、やはり岩波書店が一番良い時期も日本人が活字に飢えていた時代であって、だからあれだけ事業がうまくいったと。しかしインターネットなどのデジタルメディアが発達してこれだけ活字離れが進んでいる。

執行　だから、その考えが駄目だと言っているのです。日本人を活字に戻すのが、出版社の役目ですよ。その努力を死ぬほどしなければ出版業界は生き返らない。

――出版事業にこだわる必要がないというのが私の考えなのですが……。

執行　いや、出版と活字にこだわった方がいい。活字を復活させなければ駄目です。活字が脳に打ち込まれることによって知能を作ります。そして、活字と映像などのメディアは別物なのです。映像と同じものだと思っているのが間違いです。今、電子化が進んでインターネットで小説なども読めるけれど、あんなものは小説ではない。文学ではない。あれはあくまでも補助なのです。

――インターネットで出版事業をやるという考えではなくて、純粋に松下幸之助の思想をきちんと後世に伝えるだけでも充分なのではないでしょうか。それだけでも一大事業なのではないかと思いますが。

執行　それをやるためには活字にこだわらなければ駄目なのです。映像や音声などが真に活きるのも、活字の後押しがあってこその話になります。松下幸之助の思想は、活字になったものだけが、その力によって後は色々と形を変えて後世に伝わっていくのです。そしてその残された魂の痕跡が、日本国の将来を担う事業をやるということです。そこに松下幸之助の魂が宿っているからです。

また出版業界の人は皆一様に、活字離れが進んだために本が売れないと言うのですが、活字離れしてきたのは、もともとは出版社のせいです。出版社がテレビのまねをして、どんどん書物を簡単なものにしたりするから、ますます本に魅力がなくなってきた。とにかく難しい本に飢えている人は今でもいくらでもいる。そういう人を掘り出さなければ駄目です。だから

「出したら売れるかな」という本ではなくて、作った本を売らなければ駄目だということです。この「売る」ということが、「考えろ」ということなのです。売れるか売れないか、出版社の人は評論家ではないのです。「売れる」とか「売れない」というのは評論家の言うことです。出版社の人間は、作った活字の本を「必ず売る」ということ、ここが重要なのです。そのためにはどうするかです。そしてそれが形を変えて世の中を動かしていくことになるのです。色々なやり方があるけれど、そこはまあ創意工夫して努力してもらうしかない。

――分かりますけども（笑）。

執行　けど、は駄目です。けど、と言っている人は、やっても出来ない。これは命懸けでやらないといけません。ただ、ほとんどの出版社はもう紙は駄目だと思っています。

――紙が駄目ではなくて、命懸けで出すに値する書籍が本当にあるのかどうか。

執行　だから開発するのですよ。それを売る度量ですよ。岩波茂雄が一番偉かったところは、さっきも言いましたが、本屋の組織の問題で、あれだけの出版物をどんどん出していくことが出来ない時代に、問屋組織じゃなくて、本屋に買わせるということを承諾させたわけです。あれは今の人たちが何かやるよりずっと難しいことだった。明治からの日本の問屋組織を壊すことは死ぬほど難しい。日本人というのは変に真面目なところがあって、問屋などの組織を守るもの凄いギルド的なものを持っていた。ギルドががっちりしているから、今と違って職人なんかギルドの親方の許可がなければ、何一つ店も出せない。昔はそうだったのです。その時代に岩波茂雄がやったわけだから、今売れる本をどんどん作るなどというのは、岩波茂雄がやったことに比べたら、全然簡単なことです。国家を動かす必要がないのだから。

売れないと言うなら、それは売れる本を作れないだけです。これは能力の不足ですよ。こう言っては悪いとは思うけれど、能力の不足だ。売れる本を作れる能力を養わなければなりません。

――売れる本は作れるのですが、何万部をもって売れる本とするか、その基準ですが……。

執行　儲かればいい。食える本が出せればいいわけです。商売だから原価割れするかどうかが判断になるでしょうが、儲けが出れば売れたということです。だから儲けをどうやって出すかのやり方です。

これはうちの製品なども同じです。私も会社をつくったときに特許を取って、創意工夫で発売していった製品ですが、世の中の人は「売れない」と全員言っていた。私はそういう考えはないから、売れるか売れないかなどと考えたことはないのです。私が会社をつくるのはこの製品を売るためにつくるのだから、売れるか売れないかではない。売るためにはとにかく体当たり、命懸けでやるということなのです。私なんかはもう命懸けでしたよ。命懸けの割には最初からうまくいってしまったので、あまり格好がつかなかったということを皆に言っています。でも命懸けだからうまくいったのだと思います。

私が扱っている製品というか事業は、今でも社会の認識を得られるようなものではない。ましてや三十五年前なんぞ、お呼びではないものです。それだって一文無しで始めて、東京の一等地に自社ビルを持って、それに川崎（神奈川県）と群馬に自社工場を持ってやれるまでになったのですよ。それも全部所有してかつ無借金経営ですよ。体当たりだけでここまで来た。最初から売れそうなものだったらまだしも、百人が百人「絶対に売れない」と言うものでも、決意を持ってやれば出来るのです。私がこういうことを言うと、「駄目だったらどうするんですか」と、大抵そういう人は質問するんですよ。

――いいや、しないです（笑）。

一同　（笑）

――しません。しません。

執行　大体の人はする。駄目な場合は腹を切るしかないです。その覚悟があるかどうか。私はもちろんその覚悟ですよ。娘なんて可哀想だけれども、うまくいかなかったら娘と心中する覚悟で始めた。仕方がないですが、道連れです。そういう覚悟でやらなくて、出来るものはないです。出版でも、本当に優れたものを世に出していこうと思ったら、命懸けでやらなければ駄目です。

命懸けでやれば、今の日本の教育レベルから言って、どんな難しい本でも必ず買う人がいます。何百万部売れるとは言わないですが、会社が儲かるだけ、買う人は必ずいるということです。今のレベルで言うと、一万部、二万部、売れれば充分です。一万や二万部は自分たちが努力すれば、買う人はいます。百万部からは保証しないです。一万から二万、三万部こんなところは売れます。

私も本をたくさん出しているので、出版市場とかは分かっていますからね。大体一万部以上売れれば、出版社は食べられます。食えるのだから、日本人の啓蒙、将来の日本を救うような、いい本をざくざく出さなければ駄目です。なんか静かになってきたな（笑）。

一同　（笑）

執行　でも、出来ますよ。ましてやＰＨＰ研究所はそれをやらなければ駄目です。ＰＨＰ研究所は戦前で言う岩波書店みたいなものです。もともと岩波茂雄みたいな大実業家が創ったものですからね。今は松下幸之助の思想を、表層の甘っちょろい捉え方をしているからいけません。平和でいいねとか、幸福でよかったねとか言っているから駄目なのですよ。本などは皆で売れば良いのです。皆で売れば、売れます。売れないのは関係者に売る気がないだけだと、ずっと言っています。

――本当にそうですね。これを他人事として聞くのではなく、我々も売る努力をやはりしないと。ただいい話を聞いて「ありがとうございました」というような、おめでたい話になってしまいますから。

執行　今の話について言わせてもらうと、全出版社が、さっき言っていたようなことを言っています。だから逆に私が言っているような姿勢でＰＨＰ研究所がこれからやれば、本当に出版界に革命をもたらせられる。戦前の岩波書店になれるということです。だって全員、本が駄目だと思っている社会なのですから。多分、松下幸之助も同じことを言うでしょう。

全員がいいと言っているものは、商売的には大して儲からないですよ。全員が駄目だと思っているものをやり抜いた人間だけが儲けられる。全員が駄目だと言ったもので、うちは儲かっていますよ。左うちわでジャバジャバ儲かっています。全員がうまくいかないと言ったものをやっているのだから、独占企業ですよ。他にやっている人はいないのだから。全員駄目だと思っているのだから、それを売り抜く。そうすると、どんな製品でもすごく儲かる会社が出来る。競争にならないということです。売れるものというのは、どちらにしたって競争になるから、売れた挙げ句、倒産です。他社が売れないものを作らなければ駄目です。

本の場合には、全員本が必要だと思っていたら、薄利多売でたいして儲かる仕事ではないのです。ところが、もう出版は駄目だと皆思っているのだから、ここで出版を立て直したら、戦前の岩波書店、つまりすごく儲かる会社ができ上がるということです。命懸けでやらなければ出来ないことは確かです。松下幸之助の霊魂をこの世に降ろしてくれれば出来る。「やれば、出来る」、私が松下幸之助になり代わって保証します。

政治について

――松下政経塾の話に戻りますが、現状は松下幸之助が政経塾を建てた頃の理想と乖離しているということで、自分なりに考えたのですが、やはり選挙制度というのがかなり大事なんだと思いました。人間教育を四年間なり五年間なり受けても、そういった人が選挙に新規参入しにくいと言いますか。選挙でいきなり国会議員になろうとしても、自民党だと公認をほとんど得られないですし、他の党からなるにしても、なかなか得られないような状況の中で、政治家を育てるような塾も難しいというか。政治家を育てて日本の繁栄に貢献するというのは一番大事なことだと思うのですが、実際には制度がそれを阻んでいるのかなとも思いまして……。

執行　松下幸之助が生きていた時代と違って、今は政治がどんどん薄くなっている時代なのです。国を良くするとか、政治家にならなければいけないという思い込みは、もうはっきり捨てた方がいい。なってもいいし、ならなくてもいい。ならなければいけないという考えは政治が強力だった時代は、政治家にならないと確かに国は動かせなかった。ところが今の社会というのは売れっ子の芸能人の方が社会を動かしている。だから極端に言えば、芸能人になったっていいわけです。志さえあればですよ。世界中で芸能人が影響力を及ぼしている。これは大変なことです。今の芸能人は、程度が低いから問題なのです。程度の高い芸能人が出てきたら、凄くいい社会が出来ると私は思います。

――政治家だけでなくて、色んな方向性があって、例えば経営者もそうですし、実業家もそういう志を実現できるような気がします。昔でしたら政治家が社会変革に対して力を持っていたのですが、今だったら多方面で色んな影響を及ぼすことが出来て、志があればそういったこともこなせると思います。

執行　その通りですね。それから、選挙制度というのは私などは大嫌いだけれども、人間性によって、志を持っていてもそれを乗り越えられない人とか色々いますから。何て言うのでしょう。政治家に向いている人というのは、強い志を持っていて、選挙に受かるタイプでなければ今は駄目ですね。だから個人個人の資質によって、政治家になった方がいいかどうかというのは決まってくる。私みたいなタイプは、絶対選挙に通らないですよ。だから政治家にはなりたくもないし、なっても仕方がない。でも受かりやすいタイプというのはいるのです。志を持っている人でも、結構ソフトな人とかですね。

松下幸之助の霊魂を受け継ぐと、もの凄く柔軟になる。こういう大実業家というのは柔軟思考ですからね。決めつけるのではない。幸之助の本も、柔軟思考のことだけが書かれていますよね。

――少し話が変わってしまって申し訳ありませんが、教員をしていたときに労働組合がありまして、自分がいたときの昭和五十年代、六十年代くらいの労働組合の活動はまだ思想があったのです。それはなぜかというと、自分の幸せを求めていない。ところが昨今では権利、権利、さらにまた権利となってきて、生活改善、給料アップばかりになってきたので、嫌気がさしてきましたね。

執行　労働組合も、今は意味をなしていないですよね。単なる権利護持と福利厚生団体でしょう。

――自分のための幸せを摑めとか、美味いものを食えとか、いい服を着ろとか、楽しいことをしろというのは、戦後の高度経済成長のために適用した理屈であって、今の日本もそれをうまいこと使って、ＧＤＰ、ＧＤＰって言っているだけなんだということを思います。アメリカが戦後、世界に対してやってきたこともそれと一緒で、資金援助をして豊かにしていって、ブクブクに肥え太らせていくという……。それが見えると、本当に現代の経済成長が嫌になりますよ。

執行　自分の国のものを買わせようと思っているだけですからね。自分の国だけは、楽をして経済成長をしたいと多くの国が思っている。現代とは、要はそれだけのことなのです。そこが分からなければ駄目だということです。

――だったらレーニンが革命を起こした時代の共産革命の方が、崇高というか命懸けだったと思います。

執行　その土台を創ったマルクス、エンゲルスの思想は崇高です。根源的には、共産革命というのは崇高な思想なのです。ただ失敗したのは、人間の悪徳を抑えられなかったからです。先ほどの崇高なものも力が弱ければ駄目だということです。結局、共産国家というのは、皆も知っている通り、権力闘争と、自由圏では金があれば自由だけれども、向こうは地位がなければ駄目だから、地位のやりとりと汚職とに塗れてしまった。あと中国共産党もそうですが、汚職で大変な目に遭っているわけです。だからあれを抑えられるか抑えられないかが問題ですね。

共産主義思想というのは、根源的にはキリスト教思想と一緒で宗教思想だから、もちろん崇高なのです。人間は生まれながらに平等だというのは当たり前のことです。しかし共産主義の一つの欠点は、物質主義に絞ってしまったことですね。そこに精神論が入ってくると宗教になる。

――でも宗教を否定しましたね。

執行　共産主義は自分が宗教ですから、他を否定しただけです。宗教を否定したのではなく、「共産主義教」という宗教を広めようとした。最初に創ったのはフランスのサン＝シモンとかですが、だから最初は「社会主義教」と名前をつけていたくらいです。サン＝シモンの思想を引き継いだオーギュスト・コントがそういうことを言っていました。要するに、社会主義という主義そのものが新しい近代の一つの宗教なのです。

「感化力」がすべて

執行　最後に佐藤専務にお聞きしたいのですが、佐藤専務が若い頃に触れた松下幸之助の人間的な印象というのはどうだったのでしょうか。

佐藤　初めて間近でお会いしたのは、大学を卒業してPHP研究所に入った昭和五十五年四月のことです。新人だけ集められて、幸之助の講話を聴く機会があったのです。そのときは特段の印象はなく、「あ、この人があの松下幸之助さんか」と思ったくらいで、お恥ずかしい話ですが、これといった印象を抱かなかったというか、強くはなかったのです。

その後、頻繁に接するようになったのは、PHP教理研究会に出席するようになってからです。私は入社してすぐに研究本部に配属になったのですが、当時はもう、松下幸之助所長を囲んでのPHP研究会は行なわれていませんでした。

それが昭和五十七年に入ると、幸之助はもう一度PHP理念を研究したい、集大成したいということで、研究会を再開したのです。幸之助が満で八十七歳のときです。私は松下幸之助の原稿を纏める手伝いをしたり、幸之助の考えや事績を研究したりする仕事に携わっていた関係で、入社してまだ二年ほどしかたっていませんでしたが、幸いにもその研究会に出席することが出来ました。本当に運がよかったと思います。

この研究会は月に二、三回ずつ、六、七人で開催したのですが、そのときも、皆さん一様に松下幸之助は凄いオーラを湛《たた》えているということをおっしゃいますが、私にはあまり感じられませんでした。ただ、驚いたのは、研究に取り組む姿勢です。九十歳近くにもなって、それでも前に進んでいこうとしている、それまで研究してきたことを究め尽くそうとしているその姿、何としてもPHPを実現するための理念と方策を生み出したいという思いがものすごく伝わってくるのです。あの歳で、若い我々でも考えると面倒くさくなって途中で投げ出したくなるような難しい、哲学的な問題をよく考え続けるものだと思いました。こんなことを考えているのかということに対する驚きというか、それはいつもありました。

執行　やはりそれですよね。だから、松下幸之助の言っていることとか、やっていることではなくて、人間として発している、昔の言葉だと「背中」ですよね。そして最後まで、人間としての何ものかを求める求道《ぐどう》の精神です。

佐藤　本当にそうですね。

執行　それそのものが人間教育なのだと思います。こういうものを佐藤専務は直に受けたわけですから、それをまた人に背中で伝えないと駄目だと思います。佐藤悌二郎専務の背中が今度、また伝わっていくということです。松下幸之助のために命を捧げれば伝わります。

――最後にうまく纏めてくださいましたが、「感化」ですね。

執行　そう、「感化」「感化力」です。特に強調したいのですが、道徳は人に説教しては駄目です。自分がやりなさいということです。自分がやれば必ず感化を受ける人がいる。今の人は周りばかり見るから、他人にばかり説教をする。人を集めては良い言葉を暗記させるとか、そういう人が多いですね。私は何もやったことはない。無理だと分かっているから。言ったってどうせやらないのだから、分かっています、そんなことは。私がどう生きるか、そして私がどう死ぬかしか、知り合いに示す道はないということです。

――長時間ありがとうございました。

根源の社　松下幸之助が、京都東山山麓南禅寺畔にある「真々庵」（昭和三十六年から四十二年までＰＨＰ活動の拠点として用いられ、現在はパナソニックの迎賓館となっている）の庭園の一隅に設けた社。昭和四十二年にＰＨＰ研究所が京都駅前に移転した際にもビル内に設置され、さらに五十六年に松下電器産業（現パナソニック）本社敷地に建設された「創業の森」の一隅にも設けられた。「根源の社」設立の趣旨については、創業の森の根源の社前に立てられた掲示に、次のように簡潔に説明されている。「宇宙根源の力は、万物を存在せしめ、それらが生成発展する源泉となるものであります。その力は、自然の理法として、私どもお互いの体内にも脈々として働き、一木一草のなかにまで、生き生きとみちあふれています。私どもは、この偉大な根源の力が宇宙に存在し、それが自然の理法を通じて、万物に生成発展の働きをしていることを会得し、これに深い感謝と祈念のまことをささげなければなりません。その会得と感謝のために、ここに根源の社を設立し、素直な祈念のなかから、人間としての正しい自覚を持ち、それぞれのなすべき道を、力強く歩むことを誓いたいと思います」

あとがきにかえて

本書の出版が、松下幸之助の没後三十周年の記念の年に当たったことに深い感動を覚えている。松下幸之助と私の間に架かる、人知を超えた縁《えにし》を感じているのだ。今ほど松下思想の復活が待たれるときはない。それは、現代の急速に非人間化する社会にあって、真の「人間的経営」と「人間的生き方」の温もりの復権ということに繋がるだろう。松下思想は、地球と人類という観点から考えられた真の人生論であり仕事論である。本書が、その松下思想を再構築する端緒となればこれ以上の幸せはない。

「まえがき」にも述べたごとく、本書は多くの人たちのご尽力によって出来上がった。大谷育弘先生をはじめ、「鍵山教師塾」の方々が、講演と質疑応答のすべてを「テープ起こし」してくださったのだ。この地味な作業なくして本書はない。そして㈱ＰＨＰ研究所は、日曜日にもかかわらず、安藤卓常務執行役員のご尽力によって会場を提供してくださった。佐藤悌二郎専務には対談の労をとっていただいた。現代において松下幸之助を最も愛する人物のひとりと対談が出来たことは私の大きな喜びとなった。また、全国から集まって来てくださった方々の熱心な姿勢が、私をどれほど力づけてくれたか計り知れない。

一人ひとりのお名前を挙げることは出来ないが、本当にすべての協力者の人たちの力によって本書は生まれたのだ。それが私は特に嬉しい。私が書斎に閉じ籠って書いた本ではないところが特にいい。そういう意味で、本書には、松下幸之助を尊敬する多くの人々の「祈り」がすでに入っていると私は感じている。松下幸之助の真の願いが、このような形をとらせてくれたのだと思う。そして、その願いが今日の日の出版に繋がったのだと考えているのだ。本書を私と共に創り上げたすべての方々にこの紙面を借りて「本当に有難う」と、御礼を申し上げたいと思う。

平成三十一年三月

執行草舟

『悲願へ』を読んで

神藏孝之〈〈公財〉松下政経塾副理事長・
イマジニア㈱代表取締役兼CEO〉

革命家・予言者

本書は「革命家・予言者としての松下幸之助」という全く新しい別次元の解釈を示してくれました。彼がPHP理念を唱えたのは一九四六（昭和二十一）年、日本は敗戦で全てを失い、三百十万人もの戦死者を出し、人々は将来への希望もなく、焼け野原で食うや食わずの貧しさの只中にいた時期でした。「繁栄を通しての平和と幸福」というその崇高な理念も、当時の日本人にとっては「お伽噺」や「夢物語」にしか思えなかったでしょう。しかし、このような時代にあって、繁栄に向かう決意と希望を掲げ、それを実践した彼は、もはや事業家の領域にとどまらない革命家として捉えることが出来ると思います。また、この時代の誰の目にも映らなかった日本の未来の繁栄の姿を見据えていたという意味では、ある種の予言者としても捉えることが出来るでしょう。

さらに、PHP理念の提唱から三十年余が経過した一九七九（昭和五十四）年、松下政経塾設立時に起草された趣意書の中にも、その当時の日本の現状を憂うこんな一節があります。

《日本の現状は、まだまだ決して理想的な姿に近づきつつあるとは考えられない。経済面においては、円高をはじめ、食糧やエネルギーの長期安定確保の問題など国際的視野をもって解決すべき幾多の難問に直面し、また、社会生活面においては、青少年の非行の増加をはじめ、潤いのある人間関係や生きがいの喪失、思想や道義道徳の混迷など物的繁栄の裏側では、かえって国民の精神は混乱に陥りつつあるのではないかとの指摘もなされている。これらの原因は個々にはいろいろあるが、帰するところ、国家の未来を開く長期的展望にいささか欠けるものがあるのではなかろうか。》

時代背景の多少の相違はあれど、この認識は、まさに現在の日本そのものだと感じます。いま読み返しても、その内容は全く古びていません。この趣意書が書かれた年は、戦後から続いた高度経済成長期が過ぎ、日本が経済大国としての確固たる地位を築いていた時期であり、バブル景気の絶頂期が始まる前にあたります。

にもかかわらず、幸之助は、まるで平成末の日本の混迷の理由を言い当てるかのように、このときすでに斯様《かよう》な警鐘を鳴らしていたのです。しかもここでは、日本が物的繁栄を成し遂げた後の精神の混乱について憂えています。まさに驚くべき先見性であり、「現在に生きる予言」であったと言えるでしょう。

高貴性と不良性

では、なぜ当時の誰にも見えなかった日本の未来の姿が幸之助だけには見え、そのような時代に斯《か》くも崇高な理念を掲げることが出来たのでしょうか。執行先生は、その理由について、彼の魂の中に高貴性と不良性（野蛮性、反骨精神）の両輪が平衡をとって存在していたからと、本書の中で指摘していますが、さらに考察を加えてみたいと思います。

まず、幸之助が呻吟《しんぎん》と悲哀の態度を貫き続ける「反自己の人」だったことが、高貴性に対して深く関与しているのだと思います。「反自己に苛《さいな》まれる人は、次には足らざるものに邁進する人となる」という本書のご指摘通り、彼が「自己観照」を怠らず、決して自己に満足せず、常に渇望感を持ち、絶えず求め続ける人であったからこそ、より気高い崇高さを持ち続けられたのではないでしょうか。

また、丁稚《でっち》奉公時代や大阪商人として鍛えられたころに、石門心学を通じて会得した武士道の精神が、彼の高貴性と不良性の根源にあるというのも、本書のご指摘の通りでしょう。武士道の精神の本質とは、他者のための自己犠牲であり、自分の命よりも信仰が大切だと考えた原始キリスト教にも通じるところがあります。そしてこれは、司馬遼太郎が言った「道徳的緊張」という言葉とも、ある意味で非常に近い感覚だと感じます。「道徳的緊張」とは、「公のために自分を犠牲にしてもやらなくてはならない」というような、社会に対する使命感のことです。明治の指導者にあって、昭和の指導者に欠如していたものであり、社会が背筋のピンと伸びたものになるか否かの分かれ道は、指導者の「道徳的緊張」の有無であるということが、司馬遼太郎の結論でもありました。

　こうした自己犠牲の精神や命懸けの覚悟を伴った憂国の思想であったからこそ、彼の理念は後世に残り、人々に感銘を与えるほど、崇高なものになったのだと思います。

呻吟と悲哀、そして崇高へ

　さらに、彼が二十歳になるまでに両親・兄弟のほとんどを亡くしているという不幸な境遇や、丁稚奉公時代から、非常に厳しい大阪商人の世界を生き抜いてきた経験、そして戦後、GHQから理不尽な財閥指定を受けた際の公への怒り（公憤）も、彼の不良性の形成に強く影響していると思います。まさに、呻吟と悲哀を味わい尽くした彼の人生と体験の中から、たたき上げの反骨精神ともいえる不良性が生み出されたに違いありません。このような特異な経験を通じて彼は思索の旅を続ける宿命にあったのだと思います。しかしそのことが彼を開眼させ、全体を見通す眼力のある大人物へと熟成させたのではないでしょうか。

　私は松下政経塾の二期生として、幸之助に直接薫陶を受けましたが、はじめて会ったとき彼に対して抱いた率直な印象は、「笑顔の中でも目が笑っていない。なんという怖さと迫力を持った人だろう」というものでした。

例えば、一年間の研修を終えた塾生に対し、彼が全力で叱責したことがありました。「君らは辛酸をなめていない。つまり君らは心眼が開けていない。だからわからないのだ。人の育て方や人の使い方、お得意先に対しての仕事の仕方、そんなものは（販売店の店主が）全部持っている。猫に小判という言葉があるだろう。猫に小判ではだめだが、君らはその猫に小判のほうだ」と言い放ったのです。

顔面蒼白の塾生に対し、叱り続ける彼の形相は、世間がイメージする「経営の神様」とは一線を画するものでした。後にも先にも、私は人生の中であれほど怖い人に会ったことがありません。それほどに真剣で厳しい叱責でした。しかし、いまにして思えば、あの怖さは、若い塾生に対して本気で伝えたいことがあったという証《あかし》であり、その背景には、日本の将来に対する強烈な危機感があったのだと感じます。

現代の日本では、良いものと酷《ひど》いものとを極端に分けてしまう傾向があります。しかし、この二つの交錯なしには、物事の本質を捉えたり、事を成すことは出来ません。崇高で気高い理念は、清濁併せ呑むことによってそそり立ちます。幸之助は、高貴性と不良性という両義的な精神性の中で、善悪をこね合わせ、そこから光輝くものを作り出す力を持った稀代の人物であったと言えるでしょう。

経営マインドとパブリックマインド

私は、執行先生の人生体験や生きざまが、幸之助が辿ってきた人生と共通することが多々あると強く感じました。だからこそ、執行先生は魂と魂が触れ合うことが出来、彼の全く新しい解釈が出来たのではないかと思います。

いまの日本は、執行先生の言葉を借りれば、自分の欲望だけを追求する我利我利亡者に占められた世界になってしまっているように思えます。経済同友会代表幹事で「哲人経営者」と呼ばれる小林喜光《よしみつ》氏は、「敗北日本、生き残れるか」というインタビュー（『朝日新聞』二〇一九年一月三十日朝刊）の中で以下のように述べています。

《矜持《きょうじ》を持つ財界人が少なくなりました。（略）経営者として、あるいは社会的公器のリーダーとして、社会に対して強く関わって変革していこうという意志を持った人の絶対数が減ったんです。かつて土光敏夫さんが臨時行政調査会を率いて行政改革を進めた頃、財界には強い権威がありました》

政治・経済・経営・教育も含め、現代のリーダーには、社会と向き合い、社会に問いかける行為自体が不足しているように思えてなりません。岐路に立たされたいまの日本において必要なのは、経営マインドとパブリックマインドの両面を併せ持ち、公・社会に向けた覚悟と矜持を持つリーダーの輩出であると感じます。

私は、本書に描かれた「革命家・予言者としての松下幸之助」という解釈に大いなる感銘と強烈な示唆を受け、松下政経塾の副理事長として、次に迎えるであろう大変革の時代に、立ち向かうことが出来る真のリーダーの育成に微力ながら尽力していく所存です。

ＰＨＰ理念とは

ＰＨＰとは、〝Peace and Happiness through Prosperity〟という英語の頭文字をとったもので、〝繁栄によって平和と幸福を〟という意味です。これは、物心ともに豊かな真の繁栄を実現していくことによって、人々の上に真の平和と幸福をもたらそうという願いを表したものですが、この願いはことさら新しいものではありません。

私たち人類は、原始の昔から今日まで、この繁栄、平和、幸福の実現を願って、変わることなく努力してきているのではないでしょうか。ただ「ＰＨＰ」という名称はつけていなかっただけで、実質においては人々の営みのすべてはことごとく「ＰＨＰ」の実現を目指すものであったといっても過言ではないでしょう。その結果、人類は時代とともに大きな進歩発展を遂げてきたわけです。

しかし、人類がこれまでの歴史において大きな進歩を遂げてきたことは事実であるとしても、その内容なり程度は、必ずしも最善ではなかったとも考えられます。本来、もっとスムーズに、もっと物心両面の調和のとれた形で進歩発展することが可能でありながら、いわば不必要な損失、犠牲を繰り返してきている一面があるのではないでしょうか。

　このことを根本から反省し、人間には本来、繁栄、平和、幸福を実現できる本質が与えられているという人間観に立脚して、これからの人類の歩みの上に真のＰＨＰを、より好ましい姿で実現していきたい。そこに人間としての長久の使命、人生の意義というものを見出し、その着実な実現の一翼を担っていきたい。それがＰＨＰ研究所の基本の願いであります。

（注）この「ＰＨＰ理念とは」の説明文は、松下幸之助の言葉を元に、ＰＨＰ研究所が纏めたものです。

新しい人間観の提唱

宇宙に存在するすべてのものは、つねに生成し、たえず発展する。万物は日に新たであり、生成発展は自然の理法である。

人間には、この宇宙の動きに順応しつつ万物を支配する力が、その本性として与えられている。人間は、たえず生成発展する宇宙に君臨し、宇宙にひそむ偉大なる力を開発し、万物に与えられたるそれぞれの本質を見出しながら、これを生かし活用することによって、物心一如の真の繁栄を生み出すことができるのである。

かかる人間の特性は、自然の理法によって与えられた天命である。

この天命が与えられているために、人間は万物の王者となり、その支配者となる。すなわち人間は、この天命に基づいて善悪を判断し、是非を定め、いっさいのものの存在理由を明らかにする。そしてなにものもかかる人間の判定を否定することはできない。まことに人間は崇高にして偉大な存在である。

このすぐれた特性を与えられた人間も、個々の現実の姿を見れば、必ずしも公正にして力強い存在とはいえない。人間はつねに繁栄を求めつつも往々にして貧困に陥り、平和を願いつつもいつしか争いに明け暮れ、幸福を得んとしてしばしば不幸におそわれてきている。

かかる人間の現実の姿こそ、みずからに与えられた天命を悟らず、個々の利害得失や知恵才覚にとらわれて歩まんとする結果にほかならない。

すなわち、人間の偉大さは、個々の知恵、個々の力ではこれを十分に発揮することはできない。古今東西の先哲諸聖をはじめ幾多の人びとの知恵が、自由に、何のさまたげも受けずして高められつつ融合されていくとき、その時々の総和の知恵は衆知となって天命を生かすのである。まさに衆知こそ、自然の理法をひろく共同生活の上に具現せしめ、人間の天命を発揮させる最大の力である。

まことに人間は崇高にして偉大な存在である。お互いにこの人間の偉大さを悟り、その天命を自覚し、衆知を高めつつ生成発展の大業を営まなければならない。

長久なる人間の使命は、この天命を自覚実践することにある。この使命の意義を明らかにし、その達成を期せんがため、ここに新しい人間観を提唱するものである。

昭和四十七年五月

松下幸之助

新しい人間道の提唱

人間には、万物の王者としての偉大な天命がある。かかる天命の自覚に立っていっさいのものを支配活用しつつ、よりよき共同生活を生み出す道が、すなわち人間道である。

人間道は、人間をして真に人間たらしめ、万物をして真に万物たらしめる道である。

それは、人間万物いっさいをあるがままにみとめ、容認するところからはじまる。すなわち、人も物も森羅万象すべては、自然の摂理によって存在しているのであって、一人一物たりともこれを否認し、排除してはならない。そこに人間道の基がある。

そのあるがままの容認の上に立って、いっさいのものの天与の使命、特質を見きわめつつ、自然の理法に則して適切な処置、処遇を行ない、すべてを生かしていくところに人間道の本義がある。この処置、処遇をあやまたず進めていくことこそ、王者たる人間共通の尊い責務である。

かかる人間道は、豊かな礼の精神と衆知にもとづくことによってはじめて、円滑により正しく実現される。すなわち、つねに礼の精神に根ざし衆知を生かしつつ、いっさいを容認し適切な処遇を行なっていくところから、万人万物の共存共栄の姿が共同生活の各面におのずと生み出されてくるのである。

政治、経済、教育、文化その他、物心両面にわたる人間の諸活動はすべて、この人間道にもとづいて力づよく実践していかなければならない。そこから、いっさいのものが、そのときどきに応じ、そのところを得て、すべてが調和のもとに生かされ、共同生活全体の発展と向上が日に新たに創成されるのである。

まさに人間道こそ人間の偉大な天命を如実に発揮させる大道である。ここに新しい人間道を提唱するゆえんである。

昭和五十年一月

松下幸之助

索引

【ア行】

〈著者略歴〉
執行草舟（しぎょう・そうしゅう）
昭和25年東京都生まれ。立教大学法学部卒業。実業家、著述家、歌人。独自の生命論に基づく事業を展開。戸嶋靖昌記念館館長。執行草舟コレクションを主宰。蒐集する美術品には、安田靫彦、白隠、東郷平八郎、南天棒、山口長男、平野遼等がある。洋画家 戸嶋靖昌とは深い親交を結び、画伯亡き後、全作品を譲り受け、記念館を設立。その画業を保存、顕彰し、千代田区麹町の展示フロアで公開している。日本菌学会終身会員。執行草舟公式Webサイト　http://shigyo-sosyu.jp
主な著書に『生くる』『友よ』『根源へ』（以上、講談社）、『孤高のリアリズム』『憂国の芸術』『生命の理念』（Ⅰ・Ⅱ）、医学生・佐堀暢也氏との対談集『夏日烈烈』（以上、講談社エディトリアル）、『「憧れ」の思想』『お、ポポイ！』、臨済宗円覚寺派管長・横田南嶺老師との対談集『対談　風の彼方へ』（以上、ＰＨＰ研究所）等がある。

松下幸之助は平成元年４月27日に逝去（享年94）

悲願へ
松下幸之助と現代

平成31年４月27日　第１版第１刷発行

著　者　執行草舟
発行者　安藤卓
発行所　株式会社ＰＨＰ研究所
京都本部　〒601-8411　京都市南区西九条北ノ内町11
マネジメント出版部　☎075-681-4437（編集）
東京本部　〒135-8137　江東区豊洲5-6-52
普及部　☎03-3520-9630（販売）
PHP INTERFACE　https://www.php.co.jp/

制作協力
組　版　株式会社PHPエディターズ・グループ
印刷所
製本所　図書印刷株式会社

ISBN978-4-569-84046-8